Dietmar Sehn

Weißt du noch?

Von Roter Brause, „Pücklereis“,
dem Samstagbadetag
und „großer Wäsche“

Geschichten aus dem
Bautzener DDR-Alltag

Quellenverzeichnis:

Der Autor dankt den Bildgebern und Chronisten: Herrn Rolf Dvoracek, Frau Ortrun Hartel, Herrn Klaus Leuschner, Familie Friedram Oswald, Herrn Dieter Kuschel, Herrn Winfried Sommer.
Medien: Sächsische Zeitung, Heimatbuch Bautzner Land, Rat des Kreises, 1959, Bautzen – Lusatia-Verlag, 1992
Bildarchiv und Fotos von Dietmar Sehn

1. Auflage 2017

Druck und buchbinderische Verarbeitung:
Buchproduktion Finidr, s.r.o., Český Těšín

34128 Kassel, Richard-Strauß-Straße 33, Tel. (0561) 9 37 17 38
www.herkules-verlag.de
ISBN: 978-3-945608-23-4

VORWORT

Die Kinderjahre verbrachte ich in unmittelbarer Nähe von Bautzen. Später zog es mich immer wieder in die schöne Oberlausitz, privat und beruflich, zuletzt als Reiseleiter.
Mehrere Beiträge entstanden, so für den „Sächsischen Heimatkalender“, das Buch „Weihnachten in der Oberlausitz“ ...
Alltagsgeschichten aus DDR-Zeiten in Bautzen sind diesmal das Thema. Nostalgie hin Nostalgie her. Erinnern ist angesagt, an Positives wie auch Negatives, ganz unter dem Motto: Bitte nicht vergessen!

Für die „DDR-Generation“ war Bautzen auch der Ort der Sorben und der vielen Feste. Besonders Ostern zog es tausende Besucher in die Stadt der altehrwürdigen Türme. Deshalb sollen Bräuche und Traditionen ihren gebührenden Platz in diesem Buch finden. Und wenn ich als Reiseleiter durch die Stadt führte, entdeckte ich staunende, sprachlose, entzückte Westdeutsche: „Was für eine tolle Stadt, die Türme, die engen Gassen, die vielen Lokalitäten – und alles so sauber – kein Graffiti an den Häusern, kein Schmutz auf den Straßen, das hätte ich nicht gedacht. Ich konnte mir unter Bautzen gar nichts vorstellen, außer: die Stadt – mit dem berüchtigten Zuchthaus.“

Zu DDR-Zeiten war das natürlich etwas anders. In diesem Buch erzähle ich Alltagsgeschichten aus jener Zeit: der Einkauf im Haus der Mode am Platz der Roten Armee, über Wohnverhältnisse – bis in den Neubauten u. a. das warme Wasser „aus der Wand kam“ – über Lokalbesuche, Fußballspiele und imaginäre Spaziergänge durch die Stadt zur DDR-Zeit, dem Urlaub am See. Und, und, und.

Sie, liebe Leserinnen und Leser, können dabei sicher ein wenig in Erinnerungen schwelgen, und ich wünsche allen beim Lesen dieser Geschichten viel Freude – wie ich sie beim Recherchieren und Schreiben auch hatte.

Ihr Dietmar Sehn

DER KRIEG WAR VORBEI – DER SCHWARZMARKT BLÜHTE

Das Nachkriegs-Bautzen hatte etwa 50 000 Einwohner – darunter viele Umsiedler, Vertriebene und Evakuierte. Die Stadt wurde 1945 erheblich beschädigt.
Der Schwarzmarkt blühte: Lebensnotwendige Tauschgeschäfte wurden nach Möglichkeit im Verborgenen abgewickelt. Gefährlich war das trotzdem! Zum Teil wurden die Schwarzmarkt-Aktivitäten von der Obrigkeit auch toleriert. Denn es ging ja auch um die Versorgung der Bevölkerung.

Man versuchte Fabriken und Betriebe so schnell wie möglich von der Kriegsproduktion auf Konsumbedarf umzustellen und neue Produktionsstädten einzurichten.

Ab 1. Dezember 1949 gab es einheitliche Lebensmittelkarten, auf die je zwölf Kilo Brot und Kartoffeln, je 900 Gramm Fleisch und Marmelade, 450 Gramm Fett, 1000 Gramm Nährmittel im Monat bezogen werden konnten. Ohne Lebensmittelkarten oder Bezugsschein konnte man hier und da schon ab Januar 1948 einkaufen.

Immer wieder fanden auch die berüchtigten Kartoffelkäfer-Sammelaktionen statt, ebenfalls lebenswichtig für die Versorgung der Bevölkerung.

Die Versorgungslage war noch nicht sehr gut nach dem Krieg: Diese 2-Jährige wird wohl das Brot niemandem hergeben.

DRECK REINIGT DEN MAGEN

Beginnen wir unsere Erinnerungstour nun also in der Zeit, als wir noch kleine Jungen waren, eine Zeit, die sicher die allermeisten als schön und unbeschwert in Erinnerung haben. Es war die Zeit, als das Wort Kindersicherung noch nicht erfunden war und die Devise galt:

„Dreck reinigt den Magen". Das Kinderleben spielte sich, wann immer das Wetter es erlaubte, auf Höfen, Wiesen und Straßen ab. Stöcke waren ein universales Spielgerät und dienten uns wahlweise als Säbel (wenn wir Musketiere waren), Gewehr (als Cowboys und Indianer) oder Torpfosten beim Fußball.

Fußballspielen mit dem neuen Gummiball – das war schon ein Luxus.

In der Sandkiste wurden Karrieren als Bauarbeiter begründet und auf dem (vermutlich mit bleihaltiger Farbe gestrichenen) Klettergerüst aus zusammengeschweißten Stahlrohren startete man im Flugzeug oder Raumschiff in neue Abenteuer. Die Straßenfußballer maßen ihre Kräfte beim „Kellerlochfußball“ – in den seltensten Fällen aber mit einem Ball. Stattdessen wurde gegen Lumpenbündel oder ausgemusterte Tennisbälle gekickt.

Es wurde „Räuber und Gendarm“ gespielt. Mädchen spielten „Hüpkästchen“ oder Gummitwist (auch „Mode“ genannt). Und natürlich mit Puppen. Selbst eine „Ost-Barbie“ fand sich in vielen Kinderzimmern. Offiziell hieß sie Modepuppe „Steffi“. Steffis Malimo-Kleidung entstand vielfach in Handarbeit an Muttis oder Omas Nähmaschine. Ebenso wie manches „Modell“, das bei den „Modenschauen“ im trauten Freundinnenkreis vorgezeigt wurde.

VON „ABERN“, ABERNMAUKE“, „STOPPELN“ UND KARTOFFELKÄFERN

Wichtig waren für die Oberlausitz die Kartoffeln – das wichtigste Nahrungsmittel, „Abern“ genannt. „Abernmauke“ ist der Kartoffelbrei. Bereits um 1670 hatten Kartoffeln die Tafel der Domherren des St. Petri Stiftes in Bautzen bereichert. Als die Kirche auch beim Kartoffelanbau den Zehnten durchsetzen konnte, forderten selbst die Pfarrer von den Bauern: „Baut Kartoffeln an, habt kein Misstrauen gegen das fremde Gewächs!“ Die Leute sagten zu solchen Predigten „Knollenpredigten“.

Nach dem Krieg zogen viele Städter, besonders aus dem zerstörten Dresden in die Umgebung von Bautzen, um zu stoppeln. Stoppeln heißt: Die restlichen Knollen vom Feld zu holen. Woher nehmen und nicht stehlen! Der Kartoffelkäfer plagte zudem.

So war jeder Besitzer landwirtschaftlicher Flächen und darüber hinaus jeder Bürger verpflichtet, die Funde von Eiern, Larven, Puppen oder Käfern unter genauer Bezeichnung der Fundstelle sofort zu melden. Im Gesetz stand:

„Es ist verboten, lebende Kartoffelkäfer in allen ihren Entwicklungsstadien zu halten, zu züchten, weiterzugeben oder zu befördern.“

Ergebnis der Bekämpfung: gute Kartoffeln.

Mancherorts wurden sogar Kartoffelkäfer-Fibeln gedruckt.

Ein Suchdienst hatte die Aufgabe, die Felder zu überwachen und jedes Auftreten des Schädlings der zuständigen Gemeinde zu melden. In Sachsen zogen Suchdienste auf die Felder. Arbeiter, Ingenieure und Lehrer mit ihren Schulklassen beteiligten sich an den Aktionen. Jeder Suchende besaß eine Flasche mit Spiritus oder eines anderen Bekämpfungsmittels und markierte mit einem Stab die befallenen Stellen. Die Losung hieß: „Achtet auf den Kartoffelkäfer – Arbeiter und Bauern seid wachsam.“ Auf einem Plakat waren Käfer mit Stahlhelm oder Zylinder zu sehen. Eine Skizze des Bautzener Landes mit allen Orten verdeutlichte, wo der Kartoffelkäfer wütete.
Bautzener Senioren erinnern sich gewiss noch an die Einsätze zur Kartoffelernte. Die Städter sammelten gemeinsam mit der Landbevölkerung die Knollen vom Acker, legten sie in Körbe und brachten sie zum Kartoffelwagen. Meist gab es je Korb zehn Pfennig.

Geworben wurde um Lehrlinge zum Agrotechniker/Mechanisator – das Berufsbild verlockend dargestellt: Bedienung moderner Maschinen. In der Neuen Deutschen Bauernzeitung von 1973 erklärte der Lehrling Annette Hennig: „Was ich im praktischen Unterricht gehört und gesehen habe, gefiel mir so, dass ich mich plötzlich für die Landwirtschaft entschieden habe. Mädchen an Maschinen, das ist schon was!“
Und so erlernten auch junge Mädchen landwirtschaftliche Berufe, kutschierten mit Gabelstaplern im Kartoffelhaus herum ...

DAS ROLLENDE „R“

Bautzen gilt als Zentrum der Sorben, wie sie nach dem Krieg genannt wurden.
Die Minderheit genoss zu DDR-Zeiten eine gebührende Achtung. Im Personalausweis war die sorbische Volkszugehörigkeit vermerkt, was im bundesdeutschen Recht nicht mehr der Fall ist.

Straßennamen zweisprachig

Die Pflege der sorbischen Kultur und Literatur zeigte sich in vielen Varianten, so der zweisprachigen Beschriftung der Straßenschilder, an der Erhaltung der Bräuche sowie der Sprache und der Volkstrachten, die regionsweise unterschiedlich sind. Was in der Nazizeit unerwünscht und verboten war, lebte wieder auf.

Die Domowina, 1912 gegründet, von den Nazis verboten, ist der Dachverband der sorbischen Vereine. Sitz der Domowina ist das „Sorbische Haus“ am Postplatz.

Sorben in ihrer volkstümlichen Kleidung.

Die Bautzener Stadtsprache stand etwas außerhalb des Oberlausitzer Mundartgebietes. Die Insel der Sorben war nicht so stark vom rollenden „R“ geprägt. Die Bautzener Sorben trugen lange Trachten mit einer großen Schleife und waren katholisch. Die Niedersorben im Brandenburgischen, Wenden genannt, trugen dagegen einen kurzen Rock. Oberlausitzer, die in Bautzen Wohnung und Arbeit fanden, hörte man schon mit ihrer quirligen Sprache heraus. Aber jeder weiß Bescheid, was Kretscham, Pietschen, Plautze, Abern bedeutet (Schenke, Trinken, Lunge, Kartoffeln).

FEUER ZUR WALPURGIS

Die Nacht vom 30. April zum 1. Mai heißt Walpurgisnacht und rund um Bautzen leuchten in dieser Nacht allerorts Feuer. Die Oberlausitzer begehen dies mit einem Fest – so auch die Bautzener. Sie versammeln sich an bestimmten Orten, essen Bratwurst und Fischsemmeln, trinken Bier. Sobald es dunkel wird, wird der Scheiterhaufen angezündet.

Versammeln für das Hexenfeuer.

Ganz oben hockt eine furchterregende, lebensgroße Strohpuppe, die Hexe, im bunten Kleid auf einem Besenstiel. Zunächst beginnt sich das Feuer langsam auszubreiten, immer höher schlagen die Flammen.

Hexen für das Hexenfeuer.

Die Kinder rennen begeistert um den Holzhaufen, die örtliche Feuerwehr achtet wachsam auf das Abbrennen. Nun hat das Feuer die Hexe erwischt. „Sie brennt!“, jubelt die Menge.

Das Hexenfeuer ist ein Höhepunkt in der Nacht vom 30. April zum 1. Mai.

Einst verschlossen die Leute in dieser Nacht vorsorglich Türen, Tore und Fenster, brachten allerorts grüne Zweige und Maisträuße an. Grün galt als die beschützende Lebensfarbe. Außerdem sollte das Läuten der Kirchenglocken und das Knallen mit Peitschen die Hexen vertreiben.

Schon kurz nach Ostern werden für dieses Fest fleißig Holz, Reisig und Stroh zusammengetragen und das Brennmaterial aufgetürmt.
Mancherorts formiert sich abends ein Fackelzug und marschiert dann zum „Hexenbrennen“, brennende Fackeln landen auf den Holzhaufen, mutige Burschen springen über die Flammen. Rund um Bautzen lodern in dieser Nacht etwa 100 Feuer. Jedes Dorf möchte das größte Hexenfeuer entfachen.

1. MAI – MAIBÄUME, MARSCHIEREN, SOLJANKA UND GOLDBROILER ...

Es ist ein alter Brauch, einen Maibaum zu setzen und zu schmücken. Verbunden mit dem 1. Mai gehörte das Aufstellen von Maibäumen zur Tradition. In den Anfangsjahren der DDR waren geschmückte Bäume mit einem Kranz nicht zeitgemäß, aber im Laufe der Zeit kam dieser Brauch auch wieder nach Bautzen zurück. Vormittags war Marschieren angesagt. Die Werktätigen aus dem Fleischkombinat, Waggon- und Förderanlagenbau, die deutschen und sorbischen Künstler vom Theater, junge Pioniere ... trafen sich am vorgeschriebenen Treffpunkt und warteten erst einmal geraume Zeit, bis der Festzug sich in Bewegung setzte. Sie wedelten, gut und schick gekleidet, mit Winkelelementen, also Fähnchen, und trugen Transparente, auf denen die Erfolge und Verpflichtungen standen. Wissen Sie noch:
„Fort mit den Trümmern und was Neues hingebaut ...!“
„So wie wir heute arbeiten, wird morgen unser Leben sein!“

Oder ein Singclub trällerte:
„Bau auf, bau auf, Freie Deutsche Jugend, bau auf! Für eine bessere Zukunft richten wir sie Heimat auf.“

Der zentrale Platz für Paraden und Kundgebungen war der Platz der Roten Armee, der 1990 in Kornplatz umbenannt wurde.

Wer nicht zur Demonstration auftauchte, wurde am nächsten Tag prompt nach dem Grund befragt. Manche Betriebe lockten ihre Arbeiter und Angestellten auch mit einem Geldschein oder einer kostenlosen Bockwurst. Der Kampftag gehörte am Nachmittag der Familie. Das Volk feierte auf Straßen und Plätzen.

Der Platz der Roten Armee (heute Kornplatz) war oft durch Feste geprägt. Das „Haus der Mode" präsentierte mitunter aktuelle Warenangebote.

Da aßen Kind und Kegel leckere Goldbroiler und Soljankasuppe, Bockwurst mit würzigem, mittelscharfen Senf, in Bautzen hergestellt. Ja, es war nicht alles Senf, was aus dem Osten kam!

Auszeichnungsfeier 1. Mai.

Zum 1. Mai gehörte die Teilnahme am Demonstrationsumzug.

Die Musikkapellen auf dem Podium schmetterten bekannte Melodien unter das Volk, ein Kollektiv, ausgezeichnet als „Hervorragendes Volkskunstaktiv“, tanzte und sang. Für viele Familien war der 1. Mai ein arbeitsfreier Familientag. Es gab natürlich auch Demonstranten, die nach der Kundgebung irgendwo hängen blieben und torkelnd nach Hause kamen.

Die meisten Bautzener Kinder besuchten zu DDR-Zeiten einen Kindergarten. Die Plätze dort waren ebenso begehrt wie die Arbeitskraft der jungen Mütter. Also musste eine Lösung her – und die hieß in vielen Fällen Betriebskindergarten. Allein in den 1960er Jahren erhöhte sich die Zahl der Betreuungsplätze in Bautzen enorm. Wenn Neubaugebiete geplant wurden, gehörten Kindereinrichtungen von Anfang an dazu, in der Regel Krippe und Kindergarten unter einem Dach. Kurz nach der Geburt konnten junge Mütter ihre Sprösslinge schon in der Krippe anmelden. Ab drei Jahren kamen die Knirpse dann in den Kindergarten. Während die Krippen zum Bereich Gesundheitswesen gehörten, waren die Kindergärten der Volksbildung unterstellt.

Jeder größere Betrieb hatte einen Kindergarten.

Und auch für die Kleinsten war in den Kinderkrippen gesorgt.

Die Kinder in den Einrichtungen fanden dort liebevolle Aufnahme, regelmäßige Mahlzeiten, Spiel und Spaß, Ruhe und Schlaf. Die Betreuung war kostenlos, das Essen kostete einen geringen Beitrag.

Die Kinder lernten mit Stäbchen zu zählen und entdeckten, wie man durch Aneinanderreihen von Buchstaben Worte bilden konnte.

Für die Kindergärten waren die Besuche bei der Partnerbrigade immer ein großes Ereignis. Die Kleinen tanzten und sangen, beispielsweise: Brummi, Brummi, brum, brum, brum. Den Gegenbesuch der Erwachsenen gab es dann in der Regel mit kleinen Überraschungen zum Internationalen Kindertag am 1. Juni.

KLEINE ABC-SCHÜTZEN MIT GROSSER ZUCKERTÜTE

Im sechsten bzw. siebten Lebensjahr war Anfang September die Schuleinführung. Der Abc-Schütze bekam eine große, bunte Zuckertüte mit Klamotten, Schreibzeug und Süßigkeiten aus dem volkseigenen Betrieb Berggold Oderwitz, mitunter auch eine Tafel Schokolade, Made in Westgermany. Bald darauf wurden die Erstklässler Jungpioniere. Um sich das Halstuch umbinden zu können, sprachen die Mädchen und Jungen ein Gelöbnis der Pionierorganisation. Eltern, die ihre Sprösslinge dem nicht aussetzen wollten, mussten der Aufnahme ausdrücklich widersprechen. Wer kein Pionier war, musste auf einige Freizeitaktionen verzichten, durfte aber kostenlos in einer Arbeitsgemeinschaft teilnehmen, im Sportverein, bei den Sanitätern, den Naturfreunden. Schon wegen der Note in Fleiß, war eine Mitgliedschaft empfehlenswert.

Zum Fahnenappell mit Musik.

„FREUNDSCHAFT" STATT „IMMER BEREIT"

In der 8. Klasse, bereitete man sich langsam aber sicher auf die „Aufnahme in den Kreis der Erwachsenen" vor. Zum Ritual gehörte, den Achtklässlern zu ihrer Jugendweihe einen schönen Blumenstrauß und ein dickes Buch zu überreichen. Noch mancher hat in seinem Bücherschrank (oder im Keller) die Wälzer „Weltall, Erde, Mensch", „Vom Sinn des Lebens" stehen oder liegen.

„Junge Pioniere sind einander Freund" – so sollte es sein.

Die 8. Klasse war eine Zäsur im Leben eines jeden. Aus den Pionieren wurden FDJler, Mitglieder Freien Deutschen Jugend. Sie grüßten nicht mehr mit „Immer bereit", sondern mit „Freundschaft" und trugen zu besonderen Anlässen ein Blauhemd.
Einmal im Monat traf man sich statt zum Pioniernachmittag, nunmehr zur Veranstaltung, die auf die Jugendweihe vorbereiten sollte, Exkursionen führten in Betriebe, Sternwarte, Theater, Museen oder zu Kulturprogrammen. War dieser Besuch gut vorbereitet. dann hinterließ dies durchaus Eindruck, sogar bei den größten Rabauken.
Auch hier waren es nur wenige, die sich dem nicht aussetzen wollten: Kirchlich geprägte Elternhäuser zogen die Konfirmation der Jugendweihe vor. Manche Schüler taten beides. Die Lehrer und Pfarrer drückten ein Auge zu. Irgendwie war es schon seltsam, wer das eine machte, konnte das andere auch tun.

DER ERSTE SCHNAPS, DER ERSTE ANZUG

Dann war er da, der große Tag. Zwischen März und Mai war am Wochenende Jugendweihe-Saison. Schick gekleidete Menschen zogen durch die Stadt zu den Klubhäusern. Die jungen Damen im langen Kleid, zumindest aber im schwarzen Rock und weißer Bluse, die jungen

Werbung für die FDJ.

Jugendweihe – sonntags zogen Scharen gut gekleideter Menschen durch die Stadt zu den Klubhäusern.

Herren meistens zum ersten Mal im Anzug mit Krawatte. Je nach körperlichem Entwicklungsgrad hatte dieser Anblick bisweilen etwas unfreiwillig Komisches. Aber darauf kam es an diesem Tag ohnehin nicht an, genauso wenig wie auf die Rede, die die Jugendweihlinge über sich ergehen lassen mussten.

Viel wichtiger war die private Feier im Anschluss. Vielleicht ein Essen in einem Restaurant – die Plätze waren seit Monaten bestellt – und dann die Runde mit der Verwandtschaft zuhause. Dabei gab's dann das (offiziell) erste Glas Sekt oder Wein und für die Jungs den ersten Schnaps. Danach trafen sich viele noch mit ihren Klassenkameraden und zogen von Haus zu Haus – was ab und an mit einem ziemlichen Brummschädel endete.
Und dann natürlich die Geschenke! Mit Geld lag man als Schenkender nie falsch, denn die Wunschlisten der Jugendlichen glichen sich in weiten Teilen: Kassettenrekorder, Moped ... Manch praktisch denkender Verwandter ließ sich davon aber nicht beeindrucken und schenkte Dinge, die schon deutlich auf das Erwachsenenleben einstimmen sollten. Besonders Mädchen durften sich an Geschenken „schon mal für die Aussteuer" erfreuen: Handtücher, Bettwäsche.
So konnte es also losgehen in Richtung wirkliches Leben. Die Lehrer mussten ihre Schüler mit „Sie" anreden. Das taten sie nur in den seltensten Fällen, einige fragten wenigstens, ob sie beim „Du" bleiben durften.
Bis 1978 trennten sich nach der 8. Klasse die Wege, die zum Berufsleben führen sollten. Wer Abitur machen wollte, ging danach in eine erweiterte Oberschule. Später wechselten die künftigen Abiturienten erst nach Klasse 10 an die EOS. Aber egal ob 10. Klasse oder Abitur – die Schulzeit endete mit dem letzten Schultag, der mit dem auch heute noch üblichen Klamauk begangen wurde.

RITTER DUTSCHMANN AM UND VOR DEM RATHAUS

Ritter Dutschmann ist eine Statue auf dem Brunnen am Hauptmarkt, dort, wo das Rathaus steht. Dutschmann hält in der rechten Hand eine Fahne, in der linken Hand ein Schild mit dem Budissiner Stadtwappen. Das Denkmal schuf 1855 der Dresdner Künstler Christoph Walter II. Der sogenannte „Bautzener Roland" befand sich zu DDR-Zeiten am Rathaus. 1985 bekam er seinen Platz auf dem Brunnen am Hauptmarkt.

Eine Sage berichtet von einem wendischen Fürsten, der mit seinem Hengst über Hindernisse gesprungen und mit seinem Können in ei-

Das Rathaus von Bautzen auf dem Hauptmarkt. Für die Bautzener ist Dutschmann (hier am Rathaus) so etwas wie der Roland für die Stadt, also das Symbol des Marktrechtes, der Gerichtsbarkeit, der Freiheit.

Seit 1985 ist Dutschmann auf dem Brunnen vor dem Rathaus zu bewundern.

nem Bautzener Kretscham geprahlt haben soll. Er kündigte an, über den Brunnen am Markt zu springen. Zum Zeitpunkt waren viele Deutsche und Wenden erschienen. Beim ersten Versuch scheute das Pferd und die Zuschauer höhnten. Doch der zweite Versuch gelang. Plötzlich aber war Dutschmann spurlos verschwunden. Man sagte, er sei in die Tiefe des Brunnens gefallen oder vermutete, der Sprung sei in einer der engen Gassen geendet.

DIE OBERLAUSITZ WIRD OSTERLAND GENANNT

Ostermärkte, Osterböller, Osterwasser, Ostereier ... – mehr als anderswo in Deutschland ist das Osterfest in der Lausitz mit zahlreichen Bräuchen verbunden. Diese wurden auch in der DDR-Zeit liebevoll gepflegt, so auch in Bautzen. Und schon bald nach dem Krieg ließ man die alten Bräuche aufleben.

Die Osterreiter und das Osterreiten ist eine Attraktion und findet am Ostersonntag in und rund um Bautzen statt. In aller Früh schmücken die Männer, unterstützt von ihren Frauen, die braunen und dunklen Kaltblüter, das sächsische Warmblut oder eben das einfache Gebrauchspferd mit Edelweiß und Silberputz auf Stirn und Nasenbein, bringen die weißen Schwanzschleifen, in Handarbeit gefertigt, an. Die schönsten Pferde dürfen die ersten beim Umzug sein.
Die Fahnenträger schwenken Kirchenfahnen, die weiße Sonnenstrahlen auf rotem Grund aufweisen.

An verschiedenen Orten beginnen am Vormittag des Ostersonntags die Reiterumzüge. Kein Zug trifft dabei den anderen.

Die Prozedur beginnt mit einem Ritt zur Kirche. Während die Glocken läuten, reiten die Männer in Frack und Zylinder – vom Schüler bis zum Rentner – dreimal um das Gotteshaus. Die Züge bestehen aus 60 bis 300 Reitern, mancher Zug kann über drei Kilometer lang sein. Kein Zug darf den anderen treffen und der Streckenverlauf ist genau einzuhalten. Die Reiter bitten bei ihrem Umzug mit ihren kirchlichen Liedern um eine gute Ernte und haben in ihrer Tasche vorsorglich ein Schnäpsel. Zusätzlich spenden die Einheimischen Aufwärmgetränke. Die Umzüge beginnen in den einzelnen Orten am Ostersonntag zwischen neun und zwölf Uhr. Derzeit stehen neun verschiedene Züge mit rund 1600 Pferden im Terminkalender. In Bautzen ist der Start vormittags um halb zehn vorgesehen. Die Umzüge enden oft erst am späten Nachmittag. Dann sind die meisten Reiter nicht mehr ganz nüchtern, aber sehr fröhlich.

BAUTZENER STERNWARTE HALF BEIM INTERNATIONALEN SATELLITENPROGRAMM

Die Bautzener Sternwarte trug nach ihrer Modernisierung Anfang der 1950er Jahre wesentlich zur Entwicklung von Lehrmaterial bei. Mehrere Jahre erlebten die Pädagogen die „Tage der Schulastronomie“. Die Redakteure der Zeitschrift „Astronomie in der Schule“ recherchierten und schrieben in der Einrichtung. 1959 wurde in der DDR das Schulfach Astronomie eingeführt. Von 1958 bis 1982 half die Sternwarte am internationalen Satellitenprogramm. Bautzen war eine wichtige Station für die optische Kontrolle künstlicher Raumflugkörper geworden. In der Kuppel, mit modernen astronomischen Zeiss-Reflektoren und Spiegelteleskopen ausgerüstet, erlebte mancher Besucher mit der Beobachtung des Sputnik III eine Sternstunde.
Zudem arbeitete die Einrichtung für den amtlichen Wetterdienst. Die meteorologische Station führte ein lückenloses Klimabeobachtungsprogramm durch. Die Bautzener Sternwarte erlangte so internationale Anerkennung.

Nach der Wende zog Ruhe in die Sternwarte ein. Die hauptamtlichen Mitarbeiter verloren ihre Stellen und Ehrenamtliche sorgten für Beobachtungsabende und Rundgänge mit Schulklassen. Geschrumpft sind auch die astronomischen Vorträge.

IMMER GUT BESUCHT: KONDITOREI ZIMMERMANN AN DER LAUENSTRASSE, DAS SORBISCHE CAFE UND DAS CAFE EXQUISIT

Verschiedene Eissorten zu 20 Pfennig die Kugel gehörten ebenso zum DDR-Alltag wie die feinen Törtchen und Kuchen – aus der kleinen Konditorei. Statt Schlagsahne begnügte man sich mit Schlagcreme. Eierschecke und Streuselkuchen kosteten 45, ein Pfannkuchen 22 Pfennig, ein Stück Torte lag bei einer Ostmark. Frische Brötchen, also die Schrippen bzw. Semmeln, gab es für fünf, ein großes Brot für 52 Pfennig. Diese Artikel erhielt man problemlos. Beim Brot sorgte eine Bestellung für das Wochenende oder zu Festen für die gewünschte Ware.

Da wird man doch glatt an die sächsische Volksdichterin Lene Voigt erinnert, die über die Leckereien schrieb:

Da locken een de Guchen aller Sorten,
ganz vorne liechen marzibanche Dorten,
Windbeitel, Sahnerolln, Schweinsohren winken,
Mohrngebbe und Schillerlocken blinken ...

Gerne kehrten Schüler, Berufstätige, Rentner in einem Café ein und plauderten, manchmal auch hinter vorgehaltener Hand, wenn mal wieder jemand aus der Nachbarschaft getürmt war.

Die Jugendlichen diskutierten über Depeche Mode, die Rolling Stones. Rentner schwärmten über ihren Westbesuch: „Die Gemüsestände voller Südfrüchte – eine Augenweide!“ Ein anderer Senior stellte fest: „Gestört haben mich die Gammler und Bettler auf den Straßen, alles ist nicht so gut!“
Das Thema Schlankheitskur, Abnehmen, Diät war 30 Jahre weniger im Mund und bei Kuchen und Torte sowieso nicht. Plötzlich tauchte ein junger Glatzkopf auf. Die Jugendlichen grölten, ihr Freund Uwe hatte sich den Kopf

Das Café Jannasch an der Karl-Marx-Straße, beliebt zu DDR-Zeiten und auch heute noch. Spezialität: Bautzener Eierschecke.

scheren lassen. Er stand im Mittelpunkt und sogar die Rentner lächelten. Die Cafés waren alle gut besucht, egal ob die Konditorei Zimmermann an der Lauenstraße, das Sorbische Café oder das Café Exquisit am Postplatz.

Aus dem Exquisit wurde das Café Marx.

Der Name Exquisit entsprach durchaus den damaligen Bedingungen. Die Einrichtung des HO-Lokals war schon exquisit und die Eisbecher mit Sahne und Konditoreien schon von besonderer Qualität. Die Namen der einzelnen Einrichtungen wurden andere und die Preise ebenso. Na, Sie wissen schon!

NACHTS IN BAUTZEN

Mangels grellflimmernder Leuchtreklamen, angesichts grauer Fassaden und schlechter Straßenbeleuchtung war zu DDR-Zeiten tatsächlich vieles dunkler als im goldglänzenden Westen. Manche zogen ins Theater, ins Kino, in die Kneipe. Die Bürgersteige wurden wie in tausend anderen kleinen Städten – hüben wie drüben – abends nach sechs bei Schließung der Geschäfte und öffentlichen Toiletten hochgeklappt. Spätestens abends um sieben lag Stille auf den Straßen.

Bautzen bei Nacht.

Im Sommer erklang aus einem Fenster zupfende Gitarrenmusik, aus einem anderen tönte eine Mundharmonika und aus vielen Fenstern der Fernseher. Hier und da roch es nach einem Grillfest. Im Winter schien die Stadt zeitig in den Schlaf versunken zu sein – ausgenommen die Zeiten von Sommertheater und Weihnachtsmarkt.
Mausgrau, die Modefarbe der DDR, hat an Glanz verloren. Es ist so manches bunter geworden. Doch „Bordsteinschwalben" sind hier wohl nicht zu entdecken und das Rotlicht dümpelt irgendwo in Privatwohnungen dahin. Aber das wissen nur Eingeweihte! Wer erotische Dienste anbietet und Prostitution betreibt, kann mit dem Amtsgericht Bautzen in Konflikt kommen. In sächsischen Städten unter 50 000 Menschen – und hier sind nur 30 000 ansässig – ist Prostitution unzulässig. Dafür saust Blaulicht öfter durch die Stadt, denn Räuber, Diebe, Sexualtäter unterschiedlicher Nationen treiben mehr als zuvor ihr Unwesen. Um Gefahren aus dem Wege zu gehen, fährt der Vorsichtige mit dem Auto, dem Taxi. Aber das sieht in anderen Kleinstädten, egal ob im Süden oder Norden, nicht viel anders aus. Ist wohl ein Preis der Freiheit.

KULTURELLE VIELFALT

Eigentlich hatte die Stadt schon zu DDR-Zeiten (fast) alles, was man sich denken kann: Kinos, Museen, Hotels, Kaufhäuser, Türme, Kirchen, Archive, Bibliotheken, diverse Schulen ... Bereits um 1400 wurden auf dem Markt Komödien gespielt, 1776 ein festes Theater eingeweiht, das rund 100 Jahre später in den Besitz der Stadt überging.

Das Sorbische Museum an der Ortenburg.

Das Stadttheater spielte nicht nur in Bautzen, sondern auch in Orten außerhalb des Kreises. Mit dem eigenen „Sorbischen Volkstheater" begann ab 1948 eine neue Theatergeschichte. Allein 1956 wurde ein Staatszuschuss von 660 000 Deutschen (Ost-) Mark geleistet. Und er stieg von Jahr zu Jahr.

WER KENNT NOCH DAS BAUTZENER MUSIKTHEATER?

Mit der Gründung der DDR begann ihre Tätigkeit am noch alten Bautzener Stadttheater. Die gelernte Schneiderin wurde regelrecht über Nacht Gewandmeisterin. Ortrun Hartel, inzwischen 90 Jahre, erinnert sich:

„Für das ‚Weiße Rössel' sollten Kostüme entstehen, doch in der Kostümabteilung hingen nur alte Fräcke und ein paar Kleider. Mit einer Zuteilungskarte habe ich Stoff gekauft, zwei Schneiderinnen haben Tag und Nacht gearbeitet. Zur Premiere waren alle Kostüme fertig. Sozusagen als Honorar bekam jeder Mitwirkende ein Stück Butter."

Wer so etwas erlebt hat, vergisst das nicht. Wer ein ganzes Leben am Theater gewirkt hat, kennt das Theater ums Theater. Einige der vielen Stücke liegen der „Meisterin der Kleider" besonders am Herzen, so schwärmt sie bis heute vom „Weißen Rössel", „Eugen Onegin" und den herzlichen Begegnungen mit den Künstlern.
Sie erlebte die Sprengung des Stadttheaters am Platz der Roten Armee (heute Kornmarkt) 1969 und die Aufführungen in der Interimsspielstätte „Zur Krone".
Mit dem Beschluss der DDR-Führung, die Qualität der Theater zu erhöhen, wurde aus dem Stadttheater das „Deutsch-Sorbische Volkstheater", einzige zweisprachige Bühne des Landes. Bei Auftritten der Sorben im Cottbuser Revier mussten die Schauspieler den Text quasi neu lernen. Das Musiktheater hatte sich des sorbischen Repertoires anzunehmen.
Auf das Konto von Ortrun Hartel kommen bis zu ihrem Rentenalter 500 Inszenierungen als Gewandmeisterin, 300 als Kostümbildnerin. Zuletzt arbeiteten acht Schneiderinnen für die Produktionen.
Ortrun Hartel bedauert:

„Leider wurden nach der Wende das Bautzener Musiktheater, wie auch Chor und Ballett, abgewickelt. Die Schrumpfung der Theaterlandschaft DDR begann – bekanntlich existierten in der Republik einmal 60 Theater."

Das Ende der DDR bedeutete einen harten Einschnitt für das Musiktheater. „Westimporte“ zeigten sich als fatale Fehlschläge. Es sollte in Bautzen richtig aufgeräumt werden, und experimentelle Inszenierungen verschreckten das Publikum. Wer weniger als 15 Jahre am Theater beschäftigt war, wurde entlassen.

Einige Bautzener Kollegen mussten ihre geliebte Arbeit an den sogenannten Nagel hängen und jobbten beispielsweise als Taxifahrer und Gefängniswärter.
Geblieben sind viele Erinnerungen und Fotodokumente. Diese Materialien können in der Bautzener Stadtbibliothek ausgeliehen werden.

1969 wurde das Theater gesprengt. Foto: Rolf Dvoracek

Das Musiktheater gibt es nicht mehr, aber neben dem Stammhaus existiert an der Ortenburg eine neue Spielstätte.

„MÄNNERTAG“: MIT BEMMPAKET UND ALKOHOLIKA IN DIE BERGE

Himmelfahrt war zeitweise in der DDR kein gesetzlicher Feiertag. Trotzdem zogen an diesem „Männertag“ Scharen von Männern

in Gottes freie Natur. Brigaden nutzten diesen Tag mitunter als Wandertag, man feierte Überstunden ab, nahm sich einen Urlaubstag. Oft führte dann der Ausflug zu einem Hausberg.
Von Bautzen aus ist es nur ein Katzensprung in die Lausitzer Berge. Mit dem Bus fährt man ein paar Minuten ganze acht Kilometer bis Großpostwitz. Von dort führt ein Wanderweg zum Berg Czorneboh. Der „Schwarze Gott" ist 500 Meter hoch und vom Aussichtsturm – man spricht vom ältesten der Oberlausitz – hat man eine fantastische Aussicht. Und wenn man einmal auf dem Berg gelandet war, musste eine Einkehr in der Baude sein. Das Ferienobjekt des VEB Refatex Berlin war auch für die Öffentlichkeit geöffnet. Da schmeckten ein zünftiges Zigeunergulasch oder die drei berühmten Bs: Bockwurst, Broiler, Beefsteak besonders gut.
Viele Wanderer hatten natürlich auch vorgesorgt: mit einem Bemmpaket und Alkoholika.

450 Meter hoch ist auch der 20 Kilometer von Bautzen entfernte Löbauer Berg mit seinem gusseisernen Turm, der zu einer gewissen Berühmtheit wurde. Den Turm stiftete der einheimische Bäckermeister Friedrich August Bretschneider. Im Volksmund trug er scherzhaft den Namen seines Namensvetters: Friedrich-August-Turm. Er sollte an den sächsischen König erinnern. Der 28 Meter hohe und 70 Tonnen schwere Riese besteht aus vielen reich verzierten Platten, Säulen und Reliefs. Die einzelnen Teile wurden bereits 1854 in dem nahe gelegenen Eisenwerk Bernsdorf gegossen und mit Pferdegespannen auf den Berg gebracht. Zu recht: Der gusseiserne Turm ist ein Meisterwerk der Eisengießkunst des 19. Jahrhunderts.

Der gußeiserne Turm bei Löbau war ein beliebtes Ausflugsziel

Manchem „Himmelfahrtsbesucher" machte es Mühe, die 120 gusseisernen Stufen hochzustürmen. Denn auf der Strecke zum Löbauer Berg befanden sich zwei Gaststätten und mancher Mann genehmigte sich zwei, drei Glas Pilsner Landskronenbier.

Ein Ausflug führte natürlich auch oftmals auf die Höhen des Lausitzer Berglandes. Manchen Knirpsen gefiel das Klettern, andere lockte die versprochene rote Himbeerbrause oder ein „Negerkuss“, wie man früher sagte. Oh, das Schaumgebäck war echt lecker!

SENF AUS BAUTZEN – BESTER SENF DER DDR

Bautzner Senf – scharf und pikant – ist des Sieges Unterpfand!“, lautete zu DDR-Zeiten eine Losung. 200 Senfarbeiter produzierten damals den mittelscharfen Senf im „VEB Essig- und Senffabrik“, später umfirmiert in VEB „Lebensmittelbetrieb Bautzen“. Es war mit Abstand der beste Senf der DDR.

Mancher Stadtrundgang führt in den Senfladen und endet im Senflokal.

Nach der Wende stand die Fabrik, die bereits seit 1866 Bautzen-Senf herstellte, auf der Kippe. Das bayrische Unternehmen Devely Senf kaufte das Bautzener Werk und der neue Start verlief recht erfolgreich. Der Marktanteil in Deutschland liegt bei 23 Prozent, im Osten sogar bei 70 Prozent. Rund 60 Senf-Werktätige produzieren nunmehr 15 000 Tonnen im Jahr. Neben der Fabrik in Kleinwelka befinden sich in Bautzen ein Senfshop mit Manufaktur und Museum. Stadtrundgänge befassen sich mit dem Thema Senf und zum Abschluss des Rundganges wird im Senflokal ein Drei-Gänge-Menü serviert.

Manche Touristen kommen nur nach Bautzen, um Senf zu kaufen – kein Witz!

STEPPKE, DUBBEL UND MOPS – SCHREIBGERÄTE AUS BAUTZEN

Wer erinnert sich noch an die bunten Stifte aus der Spreestadt. Der volkseigene Betrieb „Markant“ war mit 650 Werktätigen der größte Schreibgerätehersteller der DDR. Neben hunderten verschiedenen Stiften wie Steppke und Mops produzierte der Betrieb Zeichenkästen und Schablonenspiele. Markantstifte kannte jeder DDR-Bürger und sie gehörten zu den beliebten Geschenkartikeln.

Manches Ostpaket in den Westen enthielt ein Sortiment. Nach der politischen Wende wollte angeblich keiner mehr die Produkte und eine Massenentlassung folgte, verbunden mit Zerwürfnissen und Freundschaftsbrüchen. Das Wirrwarr, wie die Oberlausitzer gerne sagen, begann und währte mehr als zwei Jahre.

1983 besuchte Fliegerkosmonaut Sigmund Jähn den VEB Markant. (Rolf Dvoracek)

Die Treuhand sah den traditionsreichen Betrieb nicht wettbewerbsfähig und wickelte ihn rigoros ab. Markant wurde billig verkauft und privatisiert.
Nun stellen rund 80 Personen die bunten Stifte her, allesamt neue Marken. Neben neuen Maschinen ist auch noch eine Drehmaschine aus Bulgarien im Einsatz, Baujahr 1958. Detlef Wloka, ein Markant-Lehrling, fungiert heute als Geschäftsführer der Nachfolgefirma Edding.

DIE STEINSTRASSE MIT WARTESCHLANGEN

Um 1400 war die Steinstraße die älteste gepflasterte Straße Bautzens. Ein Jahrhundert später erfolgte wegen Versumpfung eine Erneuerung der Straße. Bald quiekten hier die Ferkel, vor allem beim beliebten Ferkelmarkt.

Die Kaufmannssiedlung entwickelte sich und war auch zu DDR-Zeiten stark frequentiert. Aus dem „Goldenen Löwen“ wurde das „Gastmahl des Meeres“ und ein über Bautzens Grenze hinaus bekanntes Fischrestaurant. Die HO (Handelsorganisation) übernahm das Lokal und vor der Tür bildete sich oft eine SWS – die Sozialistische Warteschlange. Die Gäste lobten das Restaurant über den grünen Klee und bestellten gern: „Fräulein, bitte bringen Sie zwei Seelachschnitzel mit Kartoffelsalat, zwei rote Fassbrausen und als Nachtisch ein ‚Fürst-Pückler-Eis‘.“ Die junge Kellnerin bedauerte: „Wir haben nur .Pücklereis'.“ Die Gäste kicherten, sie wussten, dass der Fürst auf der Speisekarte gestrichen war. Ansonsten flitzten die Kellnerinnen durch das Restaurant, männliche Kollegen waren nicht zu entdecken. Immerhin gab es bei der Berufswahl einen Schlüssel, der besagte wie viel weibliche und wie viel männliche Bewerbungen zur Verfügung standen. Und da zogen die Männer in der Gastronomie den Kürzeren.
Zahlreiche Gäste äußerten sich im Gästebuch. Ein Görlitzer schrieb: „Für mich ist das ‚Gastmahl des Meeres' seit vielen Jahren mein absoluter Favorit. Ich bin mit meinen Gästen hier noch nie enttäuscht worden, und dies zu jeder Tageszeit und zu den unterschiedlichsten Anlässen. Jeder Besucher hätte etwas ganz Besonderes verpasst, wenn er nicht in unserem so beliebten Gastmahl sich verwöhnen ließe. Ich wünsche dem gesamten Team weiterhin ein volles Haus mit nur zufriedenen Gästen. Ihr Stammgast Dr. Götz.“
Nun – über mangelnden Besuch brauchte sich das „Gastmahl“ beileibe nicht zu beklagen. Auch das gegenüber gelegene staatlich betriebene Lokal „Kaniga“ hatte immer großen Besucherandrang. „Kaniga“ stand für die Abkürzung Karnickel. Nach der Privatisierung 1990 durch Frank

Haase wurde aus dem Karnickel-Restaurant die Gaststätte „Zum Haseneck“. Das Angebot umfasst verschiedene Varianten – von der Karnickelleber bis zur Stallhasenkeule ...
Die vielen Geschäfte in der Steinstraße boten ein unterschiedliches Warenangebot. Leider war das nicht immer zu haben.

Stadtkarte zu DDR-Zeiten – Vom Platz der Roten Armee (heute Kornplatz) gingen die Reichen- und die Steinstraße ab.

DIE STEINSTRASSE WAR VON LOKALEN UND GESCHÄFTEN UMSÄUMT

Die Buchhandlung Kretschmar war eine gefragte Adresse. 1963 wurde der Traum einer eigenen Buchhandlung für Rudolf Kretschmar wahr. Seine Tochter Reingard übernahm das Geschäft und führte es als Buchhandlung und Antiquariat fort. Manche begehrte Lektüre konnte in der Steinstraße 11 erworben werden.

Modenschau zur Eröffnung des Jugendklubs der FDJ. (Foto Dvoracek)

Im Steinhaus, Nr. 54, befanden sich die Kreisleitung der Freien Deutschen Jugend (FDJ) sowie der erste Jugendklub. Der Schallplattenunterhalter – heute sagt man DJ – legte die gängigen Platten auf und die Jugendlichen kamen bei Gin Tonic (Glas: 2,50 Mark) und Bier (Glas 51 Pfennig) so richtig in Fahrt.

Im Steinhaus gab es tagsüber für Kinder und Jugendliche verschiedene Zirkel und Arbeitsgemeinschaften, die kostenlos durchgeführt wurden.

Die alte Steinstraße hat sich immer wieder verändert.

An der Ecke Steinstraße/Wendischer Graben stand das historische Hotel Stadt Bautzen – im Krieg von Bomben zerstört, anlässlich der 9. Arbeiterfestspiele der DDR (1967) wuchs ein zeitgenössisch strenger und klarer Neubau an dem Ort empor.

Hotel Bautzen in den 60er Jahren.

Mit der Dresdner Philharmonie unter der Leitung des Kapellmeisters Kurt Masur fand die feierliche Einweihung statt. Es war Bautzens Top-

adresse geworden, mehr als 150 Zimmer, eine Tanzbar das Restaurant Lubin – der Name kommt von einem nahe gelegenen Berg, in dem einer Sage nach sieben Könige schlafen.
Für gewisse Kunden war der Intershop im Hotel sehr begehrt. Noch in den 1960er Jahren war es DDR-Bürgern nicht gestattet, Devisen zu besitzen. Klammheimlich änderte sich die Situation und das Devisenverbot wurde aufgehoben. Nun stürmten die Ostdeutschen, soweit sie Westgeld von Bekannten und Verwandten besaßen, in die neuen Läden. Parteichef Erich Honecker tröstete die Bürger: „Diese Läden sind selbstverständlich kein ständiger Begleiter des Sozialismus."
Der süße Duft des Westens zog auch im „Lubin" ein. Wer es sich leisten konnte, kaufte im staatlichen Intershop Westkaffee, „Lux-Seife", Parfüm, Schokolade, Zigaretten und andere schöne Dinge ein.

Mit der Wende ging das volkseigene HO-Unternehmen in private Hände und schloss erst einmal wegen Renovierung. Inzwischen ist das Hotel der Best-Western-Kette angeschlossen.

KLASSENTREFFEN HEISST AUCH ALTE GESCHICHTEN ERZÄHLEN

Die ehemalige Schiller-EOS (Erweiterte Oberschule) ist inzwischen das Schiller-Gymnasium. Ehemalige Schüler vom Jahrgang 1950 trafen sich zum Klassentreffen. Nur die Hälfte der Klassenkameraden war gekommen. Einige hatte leider der Tod hingerafft, andere lebten vor allem der Arbeit wegen im Westen, manche wollten nichts mehr mit der Vergangenheit zu tun haben ...

Wie bei einem Klassentreffen nach langer Zeit üblich, standen viele Erinnerungen im Raum. Was macht die blonde Barbara, nach der alle Jungs stierten, ist der Dietmar wieder geschieden? Der rannte doch jedem Weiberrock hinterher. Kannst du dich noch an die Tanzstunde erinnern, wie wir fröhlich trällerten „Heute tanzen alle jungen Leute, im Lipsischritt". Angela schwärmt bis heute von der Schlagersängerin Helga Brauer, der Lipsikönigin. Rosemarie studierte und ist Ärztin. Ihre Feststellung: „Früher war das Wartezimmer immer voll besetzt, aber jetzt ist es brechend voll. Wo kommen nur die vielen Patienten her?"
Berndt erzählte von seinem Fußballverein, Motor Bautzen: „Ja, die waren mal richtig gut!"

Ja, und alle fanden es richtig, dass erst nach der achten Klasse die höhere Schullaufbahn begann. „Wir haben die sozialistische Erziehung

Schiller-Gymnasium

genossen, mit Wenn und Ach!“, sagte Eberhard, „Aber die Ausbildung mit der kombinierten Berufsausbildung war beispielsweise gar nicht so schlecht!“ Woraufhin dann die „klassische“ Feststellung folgte: „Es war nicht alles schlecht ...“
War es ja sicher auch nicht.

Jeder kramte in seinen Erinnerungen, schwelgte in Vergangenem. Martin, der ehemalige Sportlehrer, der schon zu DDR-Zeiten als Stadtführer, pardon Stadtbild-Erklärer, nebenbei fungierte, wanderte dann mit, sportlich wie immer, über das holprige Bautzener Pflaster. Und dabei gab es auch für die alteingesessenen Bautzener so manche Neuentdeckung.

PRAKTIKUM IN BAUTZEN

Sybille Schulz absolvierte ihr Praktikum an der Bautzener Ostschule, gegenüber vom Knast. Die spätere Lehrerin erinnert sich:

„Die Gefangenen schauten aus den Fenstern und winkten Ihnen freundlich zu, machten einen heiteren Eindruck. Das sollten Verbrecher sein!"

Ihr Freund bestätigte:
„Nein, so unglücklich waren die nicht. Sie kamen jeden Tag mit dem Bus von Bautzen nach Freital ins Edelstahlwerk, um zu arbeiten. Morgens, mittags, abends landete ein Schwarm. War die eine Schicht zu Ende, folgte die nächste. Man durfte zwar als Zivilangestellter nicht mit ihnen reden, aber keiner sprach auch über seine Vergangenheit. Es war fast normal, mit den Strafgefangenen zu arbeiten."

1990 drohten die Gefangenen mit Ausbruch.

Die Praktikantin konzentrierte sich auf ihre Aufgabe, unterrichtete die Schüler(innen), erfuhr erst viel später von den Dingen, die im Inneren der Einrichtung abliefen. Heute weiß man, dass das mitunter sehr grausame Dinge waren, die dort abliefen.

Sybille erzählte ihren Quartiereltern mitunter von ihren Erlebnissen, beispielsweise von einem Lehrer, der unachtsamen Schülern auf den Fuß trat und dann „Verzeihung!" murmelte. Der Lehrer trug den Spitznamen „Fusslatscher".
Die Quartiereltern teilten ihr bescheidenes Zuhause mit der Praktikantin. Das Schlafgemach war zu eng, um Schularbeiten zu erledigen. So saß Sybille mit in der Wohnstube, teilte die hausgemachte Leberwurst mit ihnen. Diese wiederum spendierten eine Abernsupp oder Abernmauke. Der Kachelofen inmitten des Zimmers heizte kräftig ein, Sybille las in Fachbüchern, während das ältere Ehepaar Fernsehen schaute.

WASSERKUNST UND SCHIEFER TURM

Wenn es um den Ursprung der Spreequelle geht, streiten sich die sonst so friedlichen Oberlausitzer. Aber letztendlich nur zum Spaß. Es gibt nämlich drei Spreequellen. Bis Bautzen braucht der Fluss ungefähr 20 bis 30 Kilometer. Und über die Spree sind einige Sagen bekannt, beispielsweise über einen Frosch.

Außer der „Alten Wasserkunst" steht in Bautzen die „Neue Wasserkunst". Die erste Wasserkunst wurde vor 500 Jahren gebaut. Die Bautzner, Tuchmacher, Färber und die Bierbrauer nutzten das Wasser der Spree, das durch hölzerne Rohre zur Wasserkunst geführt wurde. Aus dem Kupferkessel in der Kunst floss das Wasser in die Stadt. Doch einmal pumpte die „Kunst" kein Wasser mehr. Was war geschehen?
Ein Handwerksbursche war eingeschlafen und träumte von einem großen, quakenden Frosch, der in einem Rohr der Wasserkunst saß. Der Bursche teilte seinen Traum den Ratsherren mit. Und richtig: Im Rohr hockte ein Frosch, der schnell vertrieben wurde. Die Stadt hatte nun wieder Wasser, der Handwerker wurde belohnt.

Eine Stadt, die so viele historische Türme hat, hat auch viel Sagenhaftes aus vergangener Zeit parat, beispielsweise diese Sage:

„Ein Franziskanermönch liebte eine junge Frau. Als dies ans Licht kam, verurteilte das Gericht das sündige Paar und sie wurden lebendig in der Ortenburg eingemauert. Die beiden Köpfe sind bis heute an der Fassade gleich neben dem Matthiasturm zu sehen."

1498 wurde Matthias zum König von Ungarn gewählt. Unter seiner Herrschaft entstand eine Großmacht, die vom Balkan bis in die Lausitz reichte. Sein Bildnis am Schlossturm sowie die Burg wurden zu DDR-Zeiten sachkundig restauriert – wenn auch in kleinen Schritten.

Blick auf die Stadt der Türme.

Aus den rund einem Dutzend Wach- und Kirchtürmen hebt sich der Reichenturm an der „Straße der Reichen" besonders hervor. Dort wurde um 1490 einer der wichtigsten Türme errichtet. Während der untere Teil des Turmes früher aus Steinen gebaut war, besaß der obere Teil zunächst einen hohen Holzaufbau. Der Wehrturm wurde mehrfach durch Brände zerstört. Eine Lotterie ermöglichte einen Neubau. Die 8000 Taler kamen schnell zusammen. Der Bau lag nun in den Händen von Johann Steinert, „aus Dresden gebürtig, Bürger und Meister der Mauer allhier" und wurde in „purer Steinmetzger Arbeit" errichtet. Der Turm bekam Wetterfahne, Stern, Stadtwappen, schmiedeeiserne Geländer und das kurfürstlich-sächsische Wappen mit der Königskrone. Kurz nach der Fertigstellung senkte sich der Turm. Er bekam den Namen „Schiefer Turm“.

Reichenturm wird zum „Schiefen Turm“.

Die Senkung kam zwar zum Stillstand, doch immer wieder wurden Reparaturen notwendig, 200 Jahre hindurch. Die Beseitigung der Schäden aus dem Krieg und Witterungseinflüsse zeigten bald weitere Gefahren. Die nur 80 Zentimeter tiefen Grundmauern wurden deshalb wie im bergmännischen Stollenbau unterfahren.

Zu DDR-Zeiten erhielt das Bruchsteingemäuer des 54 Meter hohen Rundturmes, der sich 1,44 Meter nach Nordosten neigt, einen Betonring am Fuß. Durch so genannte „Zementmilchinjektionen“ erhielt das Bauwerk eine neue, stabile Festigkeit.
Inzwischen wurden neben Kleinreparaturen die Turmhaube und das Türmerstübchen restauriert und ein neuer Anstrich des Turmes getätigt. Und das Bautzener Wahrzeichen hat für Besucher wieder geöffnet. Schönste Aussichten bieten sich vom Turm.

Zu DDR-Zeiten wurde der Turm vom Stadtmuseum „verwaltet“. Seit der Wende heißt die Türmerin vom „Schiefen“ Renate Peter und sie wartet im nostalgischen Kassenraum der Türmerstube auf Gäste. Sie pachtete den Reichenturm und empfängt seitdem in jeder Saison rund 8000 Besucher.

ARCHÄOLOGISCHE FUNDE IN DEN TÜRMEN

Junge Historiker aus dem Haus der Jungen Pioniere „Fritz Weineck“ waren dabei, als im Oktober 1983 in der Ruine der Mönchskirche ein rätselhafter Kopf aus Granit gefunden wurde. Andere archäologische Untersuchungen ergaben Funde in ausgewählten Türmen, so im Burgwasser- und Wendischen Turm. Dort entdeckte man Keramikgefäße aus dem 16. Jahrhundert, Tonpfeifenköpfe, Münzen ...

DIE TÜRMERFAMILIE UND 253 STUFEN

In Bautzen entschied kein Landesfürst über die Religionszugehörigkeit der Bürger, sondern die Landesstände. Statt eine zweite Kirche für die

Anna Bergmann, ehemalige Türmerin auf dem Petridom. (Foto Dvoracek)

neue Konfession zu bauen, wurde die bestehende quergeteilt. Deshalb hat die Sankt-Petri-Kirche zwei Eingänge, zwei Altäre, zwei Orgeln und der Gottesdienst wurde klar festgelegt. Das friedliche Miteinander von Katholiken und Protestanten musste allerdings erkämpft werden.
Das Eierrollen bzw. Eierschieben zu Ostern hängt mit der Geschichte des Petridomes zusammen. Während am Ostersonntag die Katholiken in den Bautzener Dom strömten, veranstalteten die Protestanten das Eierschieben für die Armen.

Zu DDR-Zeiten entschieden der evangelische und der katholische Pfarrer gemeinsam, das große, vier Meter hohe Eisengitter, das die Konfessionen trennte, niedrig zu halten. Gesagt, getan – und so erhielt die Doppelkirche einen neuen, kleineren, nur einen Meter hohen Trennzaun. Der obere Gitterteil kam ins Stadtgeschichtliche Museum.
Für die DDR war der 83 Meter hohe Petridom am Fleischmarkt ein Unikat: die einzige Simultankirche des Landes. Der Gottesdienst wurde wie eh und je abgehalten. Im evangelischen Teil befindet sich eine Eule-Orgel, errichtet von der Orgelfirma Eule aus Bautzen. Etwas kleiner ist das Instrument im katholischen Teil, errichtet von der Firma Kohl aus Bautzen. 925 Plätze sind im evangelischen, 294 Plätze im katholischen Teil der Kirche vorhanden. Der Turm der Kirche befindet sich allerdings im protestantischen Teil, das Türmerstübchen in 53 Meter Höhe.

Der 83 Meter hohe Petridom: Jeden Tag 253 Stufen steigen.

Dort lebte die Türmerfamilie Bergmann, Anna, die Katholikin und ihr evangelischer Ehemann. Sie waren unter anderem für das Läuten der Glocken zuständig. Für jeden Auf- und Abgang mussten die Bergmanns 253 Stufen bewältigen. Nach ihrem Tod übernahm der Enkelsohn Dieter nebst Frau die kleine Wohnung. Das Kuriose daran ist: Dieter Kuschel ist evangelisch, seine Frau katholisch und in der Kirche hauptberuflich als Küsterin für den evangelischen Pfarrer tätig. Die Glocken werden inzwischen elektrisch betrieben. Aber zu ihrer Wohnung müssen sie nach wie vor die vielen Stufen benutzen. Der Türmer schmunzelt: „Hier in Bautzen ist das möglich!"
Im Sommerhalbahr stellen die Kuschels ihre Wohnung sogar für Touristen zur Verfügung. Man genießt von oben den herrlichsten Blick auf Bautzen.

WER NACH BAUTZEN KOMMT, ERKUNDIGT SICH NACH DEM BERÜCHTIGTEN ZUCHTHAUS

Bautzen ist eine schöne Stadt mit einer hässlichen Vergangenheit. Eines der dunkelsten Kapitel dabei ist das Zuchthaus Bautzen.
Auf Grund der gelben Fassade wurde der Bau im Volksmund „Gelbes Elend" genannt. Das Gebäude und die Gefängnismauern waren aus gelben Klinkern errichtet und wurden zwischen 1900 und 1904 erbaut. Es galt nach der Eröffnung als die modernste Strafvollzugsanstalt Sachsens – mit großen Sälen für gemeinsames Arbeiten, Einzelzellen für die Nachtruhe, Höfe mit Grünanlagen, Zentralheizung, Krankenabteilung. Die Landesstrafanstalt mit einer Kapazität von 1100 Plätzen war für Jugendliche und Ersttäter gedacht. Die Strafe sollte Hilfe für das weitere Leben sein. Dieses Zuchthaus erhielt die offizielle Bezeichnung Bautzen I, das Untersuchungsgefängnis, unmittelbar in Nähe des Amts- und Landgerichtes, was zeitgleich erbaut wurde, die Bezeichnung Bautzen II.
Mit der Machtergreifung der Nationalsozialisten änderte sich die Situation. Politische Feinde, kirchliche Oppositionelle und so genannte Volksfeinde landeten in Bautzen. Einer der bekanntesten Häftlinge war Ernst Thälmann, der Vorsitzende der Kommunistischen Partei. Er verfasste in seiner Zelle: „Antwort auf die Briefe eines Kriegsgenossen". Einer seiner bemerkenswerten Sätze im Text lautet: „Mein Volk, dem ich angehöre und das ich liebe, ist das deutsche Volk, das ich mit großem Stolz verehre, ist die deutsche Nation – eine ritterliche, stolze und harte Nation." Die Thälmann-Zelle in Bautzen I, zweiter Stock, Nummer 11, wurde zu DDR-Zeiten als Erinnerungsstätte eingerichtet.

Mit der Kapitulation Deutschlands beschlossen die Alliierten im Potsdamer Abkommen, in den Besatzungszonen Speziallager zu errichten.

Diese Lager ähnelten sich anfangs deutschlandweit in den unmenschlichen Haftbedingungen. Eines von zehn Speziallagern in der Sowjetischen Besatzungszone war Bautzen.

Bereits im Juni 1945 nutzte die sowjetische Geheimpolizei das Areal „Gelbes Elend". Interniert waren vorwiegend dem nationalsozialistischen System nahe stehende Personen, sowie sozialdemokratische und bürgerliche Gegner des stalinistischen Systems. In diesen Nachkriegsjahren kamen in Bautzen nahezu 3000 Menschen zu Tode, eine konkrete Anzahl der Toten wurde nie bekannt.

JVH Bautzen – hier quälten Nazis, Sowjets und schließlich die Stasi die Gefangenen. Heute Ausstellungsort.

Am 31. März 1950 führten die unerträglichen Lebensumstände und beengten Räumlichkeiten für die 5000 bis 6000 Inhaftierten zum ersten großen Häftlingsaufstand der DDR. Nach der Niederschlagung des kurzfristigen Aufstandes wurde Bautzen I dem Innenministerium unterstellt.
Ab 1956 saßen hauptsächlich Schwerverbrecher in den Zellen, weiterhin politische Häftlinge wegen antisozialistischer Aufwiegelung, Sabotage, Wirtschaftsverbrechen ... Die Strafgefangenen versahen ihre Arbeit in Betrieben, beispielsweise im Dreischichtsystem des VEB Edelstahlwerk Freital.
Die Geschichte des Lagers für besondere Fälle war in der DDR ein Tabu.

Der Schriftsteller Erich Loest (1926–2013) bezeichnete die Zeit ohne Stift und Papier als eine unendlich nutzlose, schädigende Zeit. Der Kommunist und Verleger Walter Janka (1914–1994) saß wegen Hochverrat in der Hitlerzeit und wegen Boykotthetze zu DDR-Zeiten im Bautzener Knast.

Erich Loest 1950.

Der angebliche Konterrevolutionär schrieb über jene Zeit: „Ich wurde an die Jahre der Nazizeit erinnert, immer beginnt es damit, die Köpfe zu verunstalten – also die Haare abzuschneiden.“
Mit der Wiedervereinigung wurden alle politischen Häftlinge entlassen.
Seit 1990 ist Bautzen I Justizvollzugsanstalt, Bautzen II eine Gedenkstätte.

DIE ROTKÄPPCHEN-GEFAHR

Max, von den Großeltern in einem Dorf bei Bautzen erzogen, interessierte sich weniger für die Schule, dafür liebte er die Tiere und den Sport. 1968 wurde Max zur Nationalen Volksarmee eingezogen und entpuppte sich rasch zum schnellsten Läufer des Regiments, gewann die Strecken über 800 und 1000 Meter. Er machte sein Hobby zum Beruf und wurde im Armeesportklub ein ausgezeichneter Leichtathlet, einer der besten Kalaschnikow-Schützen der DDR, nahm 1974 mit der NVA-Auswahl an den Militärmeisterschaften in Kuba teil.
Max war plötzlich ehrgeizig geworden. Der einstige Schulgegner holte mit 30 Jahren sein Abitur nach und qualifizierte sich zum Diplom-Sportlehrer, wurde ohne militärische Zusatzausbildung zum Offizier ernannt.
Mit der Wende änderten sich für viele Ostdeutsche die Arbeits- und Lebensbedingungen, die einen verloren ihren Beruf, andere bauten sich mühsam ein neues Standbein auf, jagten von einer Qualifizierung zur anderen. Der NVA-Offizier Max hatte einen Standpunkt: „Ich will nicht Unteroffizier der Bundeswehr, kein Wendehals sein.“ Max kündigte und verzichtete auf den Pensionsanspruch, widmete sich den Immobilien und dem Glücksspiel, die Schulden wurden immer höher. Sein Plan: Banküberfälle. Er schaffte in einem Jahrzehnt 30 Überfälle in Bautzen, Neukirch, Dresden ... und erbeutete letztendlich rund 65 000 Euro. Der Einzelkämpfer, meist mit einer roten Mütze bekleidet, ging als Rotkäppchen in die sächsische Kriminalgeschichte ein. Das Landge-

richt Görlitz verurteilte den Räuber zu elf Jahren Gefängnis. Psychologen überzeugten die Haftanstalt, Max die Freiheit nach der Halbzeit zu gewähren und so saß der bekannteste Bankräuber aus der Oberlausitz nur die Hälfte seine Strafe in der Justizanstalt Bautzen, also seinem unmittelbaren Lebensumfeld, ab.
Im Knast erzählte Max seine abenteuerliche Geschichte, ein anderer schrieb sie nieder und der Roman „Rotkäppchen" verkaufte sich erfolgreich. Es kam zum Streit wegen der Tantiemen. Der Verlag war letztlich froh, als die Restbücher verkauft waren. Max arbeitete schließlich als Gabelstaplerfahrer und anderen Berufen. Sein Fazit: „Es war mein größte Fehler, damals zu kündigen!"

MOTOR BAUTZEN WAR GAR NICHT SO SCHLECHT

Aus Budissa Bautzen 04, gegründet 1904, wurde 1950 die Betriebssportgemeinschaft Motor Bautzen, gefördert vom Trägerbetrieb Waggonbau Bautzen. Bereits in der Spielzeit 1951/52 spielte die Mannschaft in der Bezirksklasse und stieg in die Bezirksliga auf. Drei Jahre später folgte der Aufstieg in die DDR-Liga. Großer Jubel der Fans herrschte, als im Spiel gegen den DHFK Leipzig die Bautzener 3:1 gewannen. Ein Auf und Ab, ein Ab und Auf kennzeichneten die nächsten Spieljahre. Die Fußballfans blieben ihren Kickern im schwarzen Trikot, schwarzer Hose und schwarz-weißen Stutzen bei Wind und Wetter in ihrem Friedrich-Ludwig-Jahn-Stadion, der Kampfbahn im Humboldthain treu.

War der Fußball zwar das Lieblingskind des Mannes, der Waggonbau Bautzen vereinte in seinen Sportgemeinschaften mehrere Sektionen und Disziplinen: Handball, Tischtennis, Schwimmen, Schach, Boxen, Segeln ... In den Sportgruppen mischten die Werktätigen aller Generationen mit. Der Turnverein war keine Opatruppe und die Sportveranstaltungen liefen ohne Doping ab.
Eine der stärksten Betriebssportgemeinschaften war die Leichtathletik. Almut Natuschke beispielsweise war die erste Schülerin, die im Weitsprung über fünf Meter sprang. Sie nahm später an den Studentenmeisterschaften teil.

20 JAHRE BAUTZENER AUTOBAHNRING

Von 1954 bis 1974 dienten drei Kilometer Autobahn und die F 96 zeitweise als Rennstrecke für Auto- und Motorradrennen mit und ohne Beiwagen. Heinz Melkus (1928–1990) beherrschte ein Jahr-

zehnt das Rennsportgeschehen der DDR. Auch sein Sohn Ulli Melkus (1950–1990) nahm am Bautzener Autobahnrennen erfolgreich teil. Manche Fans haben sich am Autobahnring den Rennvirus eingefangen. Heinz Melkus holte Frank Nutschau in seine Rennwagenschmiede und bekam einen festen Job. Beim Sohn Ulli war der Oberlausitzer als Mechaniker für die Rennfahrzeuge zuständig.
Zum Fahrerfeld der internationalen Rennen gehörten auch Rennfahrerinnen. 1969 verunglückte der Dresdner Friedhelm Kohlar auf dem Autobahnring und brach sich das linke Handgelenk. Er selbst bastelte ein Gestell zur Stabilisierung der Hand, um an weiteren Rennen teilzunehmen.

Die legendären Motorradrennen auf dem Autobahnring begeisterten 20 Jahre tausende Zuschauer. Beim zwanzigsten und letzten Rennen am 9. Juni 1974 sahen 30 000 begeisterte Fans bei strömenden Regen das Spektakel. Seitdem wird die Strecke nicht mehr für Sportzwecke zur Verfügung gestellt. (Foto: Dvoracek)

Klaus Riedel (Jahrgang 1942) einer aus der Oberlausitzer Region, war ebenfalls mehrfacher Teilnehmer am Autobahnring. Er hat sich zwar vom Motorradsport offiziell verabschiedetet, aber er sagt: „Ich habe einfach zu viel Benzin im Blut, organisiere Rennen und bin Teamchef bei Robur Zittau. Motorsport gehört zu meinem Leben. Und wenn ich schon nicht starte, muss ich wenigstens an der Rennstrecke dabei sein."

Einer der besten Rennfahrer der DDR war der Berliner Peter Mücke (Jahrgang 1946). Er belegte 1974 den dritten Platz in der Gesamtwertung Tourenwagen A bis 1300 ccm. Mücke hatte später ein Gespür für Talente. Bei ihm lernte Weltmeister Sebastian Vettel das schnelle Fahren.

VON DER FRIEDENSBRÜCKE HAT MAN DEN SCHÖNSTEN AUSBLICK

Als Kronprinzenbrücke wurde die Bautzener Brücke 1904 durch den sächsischen König Friedrich August III. eingeweiht. Nirgendwo sonst kann man die Sicht auf die herrliche Altstadtkulisse schöner genießen. Von ihr hat man einen der schönsten Blicke auf die Türme der Stadt.

Eine Aachener Reisegruppe staunte beim Betreten der Brücke: „Oh, seht euch das einmal an, so ein Panorama, das habe ich noch nie gesehen!" Dabei waren sie nur nach Bautzen gekommen, um dem Aachener Bischof auf dem Friedhof die letzte Ehre zu geben.
Kurz vor Kriegsende wurde die 181 Meter lange Brücke gesprengt, um den Vormarsch der Roten Armee zu verzögern. Ihr Aufbau wurde teilweise mit einer Lotterie verbunden und 1949 erhielt sie den Namen Friedensbrücke – als Mahnung gegen die Kriegszerstörung. Die Brücke blieb bis heute einer der repräsentativen Übergänge über die Spree.

Leider ist diese Brücke auch als Todesbrücke bekannt. Wie viele Menschen sich seit dem Bau herunterstürzten, stellt keine Statistik dar. Die Menschen gehen einfach forsch zur Brücke und wagen den Sprung 20 Meter in die Tiefe. Manche Todeskandidaten zögern, werden von Passanten vorsorglich zurückgehalten und von Rettungskräften vor ihrer Absicht gerettet. Mitunter plagten Depressionen oder Liebeskummer, was oft zu dem Entschluss führte. So war es vor, in und nach der DDR-Zeit. Übrigens, Liebesschlösser waren zeitweise an der Friedensbrücke zu entdecken – als Symbole ewiger Liebe. Sie wurden von der Stadt wieder entfernt, da die Schlösser rosten und so das Brückengeländer beschädigten. Die Stadt bat die Liebespaare um Nachsicht.

Aus der Kronprinzenbrücke wurde nach dem Krieg die Friedensbrücke. Hier ein historisches Foto von 1942.

SPEZIALITÄT DER LAUSITZER – SUPPEN

Suppen isst man in Bautzen bis heute recht gerne, wenn sie auch von anderen Speisen etwas verdrängt wurden. Nach dem Krieg und bis in die DDR-Zeit hinein war in mancher Familie Schmalhans Küchenmeister – da freute sich jeder über eine Suppe. Kreativität in der Zubereitung war angesagt. Manches Suppengericht erhielt vom Volksmund kuriose Namen. Der „Blinde Hund“ war eine Brotmehlsuppe mit Salz und Kümmel. Die Brotstücke wurden „Fiedl“ genannt. Weiterhin wurden Hafergrützen-, Dünnbier- und sogar Wassersuppen gekocht. Als delikate Zugaben gab es braune Butter, Mus oder Sirup. Zum Mittagessen war Eintopf angesagt. Die Hausfrauen bereiteten schmackhafte Pilz-, Kürbis-, Sellerie-, Kraut- und Rübensuppen zu. Je nach Jahreszeit wurden auch Beeren zu Suppen verarbeitet. Als Zugabe wurden Zucker und Zimt gegeben. Abends gehörte die Kartoffelsuppe zum obligatorischen Essen, eine Spezialität der Lausitzer Küche. Am Sonntag wurde neben dem Fleischgericht ebenfalls eine Suppe zubereitet, oftmals eine gute Nudelsuppe.

Misslungene Suppen wurden als Lauke oder Plempe bezeichnet.

Die Suppe spielte zu besonderen Anlässen eine wichtige Rolle, beispielsweise bei Hochzeiten, Kindtaufen und zur Kirmes.

Im sorbischen Restaurant „Wjelbik“ wird die Hochzeitssuppe mit Eierstich und Fleischklößchen zubereitet. Eine scharfe Suppe ist zudem

Das Lokal „Zum Karasek" erinnert an den berüchtigten Räuberhauptmann.

die „Karasek-Suppe". Sie wurde nach dem bekannten Räuberhauptmann benannt und steht im Bautzener Lokal „Zum Karasek" auf dem Speisezettel. Die Gründonnerstagssuppe, bestehend aus neun Kräutern, kommt bei einigen Familien am Gründonnerstag auf den Tisch.

JURIJ BREZAN – DER NATIONALDICHTER DER SORBEN

Besonders die Sorben feiern ihren Schriftsteller Jurij Brezan, geboren in einem kleinen Dorf bei Bautzen. Der Sohn eines Steinbrucharbeiters besuchte das Gymnasium in Bautzen, absolvierte ein Studium der Volkswirtschaft. Bereits 1933 engagierte er sich in einer sorbischen Widerstandsgruppe und emigrierte nach dem Verbot der Domowina (Bund der 60 000 Lausitzer Sorben) schließlich nach Prag. Die Rückkehr war mit einem Jahr Gefangenschaft verknüpft.

Brezan wurde nach dem Krieg Jugendfunktionär in der neugegründeten Domowina, bald danach arbeitete er als freier Schriftsteller. Der Sorbe verfasste seine Bücher in Sorbisch und Deutsch, galt schließlich als „Begründer der sorbischen sozialistischen Literatur". Einen großen Erfolg erzielten seine Neufassungen der Lausitzer Sagen- und Märchenwelt. Er schrieb über den legendären Zauberer Krabat, sein Jugendroman „Die schwarze Mühle" wurde verfilmt. Der „Krabat-Schriftsteller" verfasste 50 Bücher, davon wurden 25 in andere Sprachen übersetzt. Brezan schuf den „Grundstein zur Zweisprachigkeit der neuen sorbischen Literatur". So formulierte der Bautzener Schauspieler, Autor und Verleger Dr. Frank Stübner (1954–2017) in seiner Promotion das Leben und Werk Jurij Brezans.

Jurij Brezan 1967.

Der Dichter war ein Aushängeschild der DDR-Literatur und ging in der zweiten Hälfte des 20. Jahrhunderts als „Nationaldichter der Sorben" in die Geschichte ein. Zwischen 1969 und 1989 fungierte Brezan als Vizepräsident des Schriftstellerverbandes der DDR und wurde mit zahlreichen Auszeichnungen geehrt, mehrfach mit dem Nationalpreis, dem Karl-Marx-Orden, dem Vaterländischen Verdienstorden ...
Brezan schrieb: „Domowina heißt so viel wie Heimat. Das Brot heißt auch bei uns chleb, das Wasser wodo, aber das Herz wutroba und kwas ist nicht zu trinken, sondern eine Hochzeit."

KÖNIGIN DER INSTRUMENTE

Nochmals Jurij Brezan:
„Wer schnitt die Orgeln in Holz zurecht, wer goss das Zinn? Wer fügte sie zusammen und gab ihnen die Seele? Sie sind ein wunderbares Instrument, geschaffen haben es Orgelbauer, beispielsweise die Firma Eule aus Bautzen."

1957 übernahm Hans Eule die Betriebsleitung der traditionsreichen Firma Eule mit über 100-jährige Geschichte. Die Bautzener Firma schuf in Folge wichtige Orgeln, so die größte in der DDR gebaute Kirchenorgel für den Zwickauer Dom. Nach seinem Tode (1971) führte seine Frau Ingeborg Eule trotz Enteignung das Unternehmen erfolgreich weiter. In der DDR-Zeit verließen rund 350 neue Orgeln das Bautzener Werk. Der „Volkseigene Betrieb“ konnte fast unbeschadet nach der Wende in Familientradition zurückgeführt werden.

AUS DER WAND KAM WARMES WASSER

Im Neubaugebiet Gesundbrunnen erinnert eine Tafel an einen Brunnen, der von Johann Röhrscheidt 1551 auf eigene Kosten erschlossen und zum allgemeinen Gebrauch überlassen wurde. Die Leute schöpften das Wasser aus dem Brunnen und Wasser stand für große Heilwirkung bei Krankheiten unterschiedlicher Art. Zu Ostern war es Brauch, das Quellwasser als Osterwasser zu schöpfen. Vor allem: Die Mädchen wurden dadurch hübsch, alle Sommersprossen verschwanden ...

Der Platz verwaiste im Laufe der Jahre, doch Anfang der 1970er begann das ehrgeizige Wohnungsbauprogramm der DDR. Die Devise lautete: Wohnungen, Wohnungen, Wohnungen – bis 1990 sollte jeder eine eigene Wohnung haben. Auch bei den Bau-Verantwortlichen in Bautzen landeten mehrere Varianten und Visionen. Nachdem die Architekten die Besonderheiten der Großblockbauweise eingehend studiert, unterschiedliche Dachtypen und Balkonformen probiert hatten, war letztendlich der Ort für die Erschließung gefunden. Die Baustelle trug offiziell den Namen „Bautzen Muskauer Straße“. Bereits ein halbes Jahr nach Baubeginn zogen am 29. Dezember 1976 die ersten Mieter in das Neubaugebiet ein. Regelrecht aus dem Boden gestampft wurden in den weiteren Jahren am Stadtrand 5000 Wohnungen für 15 000 Menschen. Dutzende Mehrgeschosser wuchsen auf der grünen Wiese in die Höhe. Welch eine Freude, eine jahrelang ersehnte Wohnung zu bekommen – sogar mit warmen und kaltem Wasser aus der Wand.

Zwei der ersten Mieter waren Hannelore und Klaus Leuschner. Sie schwärmen bis heute:

„Endlich eine eigene Wohnung, kein Plumpsklo mehr auf halber Treppe, ein schickes Bad. Statt Kohleofen gab es nun eine Heizung, Unsere Habseligkeiten konnten wir mit einem Handwagen und Kleintransporter befördern. Rund um die „Straße der DSF“ (Deutsch-Sowjetische Freundschaft) gab es nur Lehm und reichlich Schmutz. Das störte uns nicht, wir waren froh, ein ordentliches Dach über dem Kopf zu haben.“

Der ehemalige Deutschlehrer erzählt:

„Ein halbes Jahr vor Einzug hatten wir das nicht für möglich gehalten. Die Beitrittsgebühr für die Arbeiterwohnungsbaugenossenschaft von 2100 Ostmark mussten wir uns leihen. Wir leisteten die geforderten Arbeitsstunden, bei manchem Einsatz fehlten Schaufeln und anderes Werkzeug. Dass es dann so im Eiltempo vorangehen würde ..., zu Heiligabend stand noch der Weihnachtsbaum in der alten Wohnung, zu Silvester feierten wir im Neubau."

Frau Hannelore, ehemals Sekretärin, ergänzt:
„Für die neue Wohnung erhielten wir sogar einen Qualitätspass mit der Qualitätsnote 1,52. Die Miete betrug 65,90 Ostmark für 57 Quadratmeter. Mein Mann war für das Einkassieren der Miete im Haus verantwortlich, später dann sogar für den ganzen Block. Er brachte die Einnahmen mit dem Fahrrad zur Sparkasse. Jedes Wochenende hatte ein anderer Mieter Semmeldienst. Er holte die frischen Brötchen beim Bäcker."
Heute zahlen die Leuschners für dieselbe (modernisierte) Wohnung 380,- Euro und sind wie viele andere Einwohner mit den Gegebenheiten glücklich, sie nahmen einst den Trockenkeller im Haus für die Wäsche gern in Kauf. Ringsumher war an ein Aufhängen der frischen Wäsche wegen des Dauerdrecks nicht zu denken. Und die Aussicht von ihrer Wohnung im dritten Stock verbesserte sich immer mehr. Gern sind sie auf dem Balkon und genießen den Vogelgesang, das Grün der Platanen, fühlen sich wie in einer Parkanlage. Ein Auszug kommt für Leuschners nicht in Frage. Auch die alte DDR-Schrankwand aus dem Jahre 1979 bleibt stehen.

In unmittelbarer Nähe befinden sich Kaufhalle, Arztpraxen, kulturelle Einrichtungen, das beliebte Röhrscheidtbad mit einem Schwimmbecken und 6-x-25-Meter-Bahnen, einem Lehrschwimm- und Planschbecken. Wer sich vom Kreischen und Quieken zurückziehen wollte, wanderte in die Sauna.
Manches Paar wurde im Bad zum richtigen Paar. Man neckte und schubste sich, gab sich im Wasser den ersten Kuss.

WASCHEN MIT KERNSEIFE, TOILETTE EINE TREPPE TIEFER

Im alten Bautzen und auch noch zu DDR-Zeiten wurde mit Kohle geheizt und die Toilette war oft im Hausflur eine Treppe tiefer – hier war es nicht nur im Winter kalt.
Richtig baden, richtig waschen? Mit der Zink-Badewanne kein Problem. Gebadet wurde in der Küche. Einmal in der Woche – natürlich

Badetag.

samstags – war „Badetag". Die Wanne holte man jede Woche aus dem Waschkeller. In der Zwischenzeit wurde der Ofen in der Küche angeheizt. Die Mutter platzierte abends so um 6 oder halb 7 die Zink-Badewanne mitten in der Küche. Mehrere große Töpfe mit Wasser standen auf dem heißen Kohleofen. Sobald das Wasser ausreichend warm war, schüttete man es in die Wanne. Entweder saßen gleich alle Kinder zusammen in der Wanne – das konnten schon mal drei sein – oder jeder badete einzeln. Zuerst die Kleinsten. Alle mit demselben Wasser – Mutter und Vater am Schluss, wenn die Kinder schon im Bett waren. Und damit jeder sauber wurde und gut roch, gab es Kernseife! Auch, wenn das Wasser immer trüber wurde – jeder hatte seinen Spaß! Und sonst? An den anderen Tagen wusch man sich jeden Abend, so gut es ging, am Spülbecken in der Küche.
Im Sommer stand die Zinkwanne schon mal auf dem Hof und bot Badespaß pur! Kaltes Wasser war schnell aus der Waschküche geholt.

Wohnungen mit Badewanne hatten noch lange den guten alten Badeofen für warmes Wasser. Vor dem Baden musste der Kupferofen mit Holz und Kohle ordentlich angeheizt werden. So hatte man nicht nur heißes Wasser, das Bad war auch gleich mitgeheizt. Dicke Rauchschwaden verteilten sich mitunter in den kleinen Bädern.

Die Neubauten dann boten viel Komfort – ein Bad, wo auch das warme Wasser aus der Wand kam und Zentralheizung, Einkaufsmöglichkeiten, Ärzte, Kindergarten und Schule, alles in unmittelbarer Nähe.

WASCHTAG – GROSSE WÄSCHE UND SPÄTER MIT DEM „WASCHWUNDER"

In den Altbauten gab es im Keller oft eine Waschküche. Von dort ging eine Treppe direkt zum Hof mit Wäscheplatz. Einmal pro Woche war

Mitunter holte man nach dem Krieg das Brennholz mit einem Handwagen direkt aus dem Wald – mehr oder weniger legal.

„große Wäsche": Der Kessel wurde bereits am frühen Morgen mit Holz und Kohlen angeheizt.

Kohlelieferung – jetzt stand man da, und die Briketts mussten in den Keller. Oft half die ganze Familie.

Besonders schmutzige Wäsche rieb die Mutter am Abend vorher mit Schmierseife ein und weichte sie über Nacht ein. Nach dem Kochen der Wäsche im Kessel ging es ans Rubbeln und Bürsten. Die einzelnen Wäschestücke – meist Leinen oder Baumwolle – wurden mit einer hölzernen Waschzange der heißen Lauge entnommen, in die Waschbütte rübergehoben.

Wäschewaschen wie es früher war.

Kochwäsche kam in den Waschkessel.

Auf dem Waschbrett ließ sich die Wäsche intensiv rubbeln. Zum Schluss noch das Spülen der Wäsche mit heißem Wasser in einem gesonderten Wasserkübel und anschließend mehrmals im kalten Wasser – für die Hände eine Tortur. Bei warmem und trockenem Wetter konnten die Wäschestücke auf dem Trockenplatz auf dem Hof aufgehangen werden. War das Wetter schlecht, trug die Mutter die nasse und schwere Wäsche auf den Dachboden. Im Winter konnte schon mal die Wäsche gefrieren. Das Abnehmen der Wäsche von der Leine war dann doppelt mühsam.
Das Essen, oft ein kräftiger Eintopf, für den Waschtag bereitete die Mutter meist schon am Vortag zu. Früh am Tag aufgewärmt, wurde das Essen unter dicken Federbetten den Tag über warm gehalten, damit die Familie ein warmes Essen bekam.

WM 66 – BESTE WASCHMASCHINE DER WELT

Auch die Familie Leuschner und viele andere Familien in Bautzen-Gesundbrunnen besaßen eine WaschmaschineWM 66. Sie wurde ab 1966 produziert und verkauft. In den 1970er Jahren war die Wellenradmaschine aus Schwarzenberg, trotz monatelanger Vorbestellung, fast in jedem Haushalt zu finden. Die 60 Zentimeter hohe und 45 Zenti-

meter breite Maschine besaß keine Trommel, keinen Wasserzulauf, die Befüllung erfolgte per Wasserschlauch oder mit dem Eimer.
Die Maschine ohne Schleuder- und Spülfunktion konnte auf 100 Grad erhitzt werden und in rund sechs Minute 1,5 Kilogramm Wäsche waschen. Manche Frauen behaupten bis heute: die WM 66 war die beste Waschmaschine der Welt.
Mag sein, denn die WM 66 war mehrfach nutzbar, ein „Allroundtalent". Sie eignet sich zum Einkochen von Obst und Gemüse in Gläsern, zum Würstchenkochen und sogar zum Baby-Baden. Die 650 Mark teure Waschmaschine war robust und von langer Lebensdauer. Das Spülen der Wäsche folgte in einem gesonderten Arbeitsgang, beispielsweise in der Badewanne. Passend zum Gerät gab es die handliche „Tisch-Haushalt-Kleinschleuder TS 66", Preis 280,- Ostmark. Diese Schleuder passte in den Innenraum der WM 66 oder man platzierte sie einfach auf den Küchentisch. War die Tischschleuder so richtig auf Tour, mussten starke Hände die TS 66 festhalten. Mitunter hüpfte das Wäschewunder vom Tisch und verselbstständigte sich. Das Wasser spritzte dann durch den hüpfenden Schlauch. Es war eine Kunst, den Luftring richtig zu befestigen. Die Trommel rockte ganz schön ab. Man konnte das Gerät auch als Entsafter verwenden.

SCHULE NUR MIT HAUSSCHUHEN BETRETEN

Ehemals hatte der Lehrer Leuschner es nicht weit bis zu seiner Arbeitsstelle, der Polytechnischen Oberschule. Die Schule, im Februar 1978 eingeweiht, lag mitten im Bauzentrum. Die Kinder durften in der ersten Zeit die Schule nur mit Hausschuhen betreten, damit der Baustellendreck nicht im ganzen Haus verteilt wurde.

Er schwelgt noch in Erinnerungen:
„An der Schule herrschte ein angenehmes Klima und im Haus wohnt heute noch eine Schülerin. Sie stammt aus einer russischen Aussiedlerfamilie und kam in der 9. Klasse mit nur geringen Deutschkenntnissen zu mir. Ihr Abitur schaffte sie schließlich mit der Note 1,1."

Leuschners sind die Urgesteine vom Gesundbrunnen, nachweislich die am längsten hier wohnenden Mieter. Das will schon etwas heißen. Sie kennen viele Leute recht gut. Einen alten Baum verpflanzt man nicht, warum auch, wenn es einem gesundheitlich recht gut geht? Die Leuschners leben mit und unter netten Nachbarn, so dass eine freundliche Atmosphäre garantiert ist. Ende der 1980er Jahre lebten rund 80 Prozent Einheimische im Gesundbrunnen, rund 20 Prozent waren vietnamesi-

sche und russlanddeutsche Familien. „Klein-Moskau" wurde der Stadtteil im Volksmund genannt. Das Ziel, über 6000 Wohnungen mit über 15 000 Einwohnern wurde geschafft bis ins Wendejahr 1989.
Rund 15 Prozent der Einwohner sind noch „Gesundbrunnler der ersten Stunden", die meisten im Rentenalter, so auch die Leuschners. Ihre Adresse lautet nicht mehr Straße der DSF, sie wurde im Zuge der Straßenänderungen in Gesundbrunnenring umbenannt.
Inzwischen ist die Zahl der Einwohner auf unter 10 000 geschrumpft, mehrere Blocks wurden abgerissen, auch die Schule. Die Neulinge sind noch Fremdlinge.
Leuschners wohnen in einem ruhigen Block – in anderen Häusern stören laute Musik und Trinkgelage die Ruhe. Der Gesundbrunnen ist ein „Multikulti-Ort" geworden.

Wo Licht ist, ist auch Schatten. Die Neubauten erfreuten manches Herz, doch die alten Gebäude in der Stadt bröckelten und kein Programm sah den Wiederaufbau vor. Glücklicherweise haben die Denkmalpfleger mit Sorgfalt und Traurigkeit auf das Alte geschaut und Abrisse verhindert. Werterhaltungsmaßnahmen mussten einfach kommen ...
Ein Gemeindezentrum im Neubaugebiet war bereits 1978 im Gespräch und tatsächlich stellten Kirchenfreunde ihre Wohnzimmer für die Christenlehre und Hausbibelkreise zur Verfügung. Das Pfarramt St. Petri stellte den Antrag auf Standortgenehmigung. Doch die Zeit eilte dahin. Die Mühlen mahlten nur langsam. Erst im Wendejahr wurde das Zentrum eingeweiht. Es liegt etwas abseits von der Straße, aber nicht abseits vom Leben.

TAG DER AKTIVISTEN

Die DDR verzeichnete viele Ehrentage in ihrem Kalender: Tag des Eisenbahners, Tag des Lehrers ... Bereits kurz nach der Gründung der DDR wurden am 13. Oktober 1949 im Land 25 000 Werktätige als Aktivisten ausgezeichnet. Der Tag erinnert an den erzgebirgischen Bergmann Adolf Hennecke, der seine Tagesnorm genau ein Jahr zuvor um 387 Prozent übererfüllte. Er war inzwischen zum Vorbild einer neuen Einstellung zur Arbeit geworden. Auch im Waggonbau Bautzen wurden neue Methoden eingeführt, um die Lebensbedingungen zu erhöhen. 1950 betrug der Durchschnittslohn 1,48 Mark in der Stunde, 1956: 2,27 Mark. Gegenüber standen die niedrigen Mieten und die kostenlosen Sozialmaßnahmen im Betrieb. Der Waggonbau bot neben den sportlichen Aktivitäten zahlreiche kulturelle Möglichkeiten: Tanzgruppe, Blasorchester, Dramatischer Zirkel ...
Auszeichnungen zum Tag des Aktivisten, 1955.

Das Neubaugebiet Gesundbrunnen in seiner Aufbauphase.

Mitunter verließ der Zuschauer nach gewissen Vorstellungen erheitert, aber ebenso beunruhigt den Saal. Manche Sketche waren ganz schön heftig und man zögerte mit dem Lachen.
Erinnern Sie sich noch an die Messe der Meister von morgen (Max und Moritz-Methode), die Nullfehlerproduktion, die Siebenmeilenstiefel, Sieben Hammerschläge für den Sozialismus ...?
Der Tag der Aktivisten wurde bis zum Ende der DDR beibehalten.

KIM – „KÖSTLICH, IMMER MARKTFRISCH"

Zum 11.11. rüsten sich die Karnevalsvereine zur fünften Jahreszeit, anderseits wird am Martinstag der erste Gänsebraten verzehrt. Auch in Bautzen boten manche Gaststätten an diesem Tag die Martinsgans an. Viele der Gänse kamen aus Königswartha, etwa 15 Kilometer von Bautzen entfernt. Die Gänsezucht hat den Ort richtig bekannt gemacht. Das Federvieh entstammt einer alten Rasse, hat mehr Fleisch und weniger Fett auf den Rippen. Das Jahr über sind die Schnattertiere in Gottes freier Natur. Schon nach kurzer Zeit schlüpfen die Küken das erste Mal ins Freiland und haben unbegrenzten Auslauf auf der grünen Wiese.

Das „Kombinat Industrielle Mast" – KIM – war ein staatlicher Betrieb und in Königswartha wurde außer der Fisch-, Enten- auch die Gänse-

zucht betrieben. Zu KIM machte bei den Einheimischen ein Spruch die Runde: „Köstlich, immer marktfrisch."
Die meisten Bautzener aßen weniger die polnischen, sondern vielmehr die einheimischen Gänse. Wer rechtzeitig bestellte, hatte die Chance, zu Weihnachten eine deutsche Gans von nebenan zu bekommen. Meist wurde der Gänsebraten in aufwendiger Arbeit daheim zubereitet. Der Martinstag bot sozusagen einen Vorgeschmack für das festliche Essen.

LPG züchtete auch Gänse ...

Der Gänsebestand hielt sich nach der Wende ungefähr im gleichen Umfang, jährlich schlüpfen etwa 100 000 Gössel. Die Firma trägt nun den Namen „Eskiden-Gänsezucht". Und jedes Jahr ab dem 11. November gibt es den Gänsemarkt – natürlich mit Gänsebraten, Gänsefett ...

GUTE UND SCHLECHTE WENDEERFAHRUNGEN

Jeder Ossi hat sowohl gute als auch schlechte Erfahrungen gemacht. Plötzlich wurden Töpfe, Decken und Bücher von sogenannten Direktionsrepräsentanten wie warme Semmeln angepriesen. Auch so mancher Bautzener hat die unterschiedlichen Töpfe in seiner Küche stehen und die große Bertelsmann-Lexikothek für 30 000 Westmark steht inzwischen verstaubt und ungelesen in der Schrankwand oder ist im Keller gelandet.

Zu mir flatterte ein Auftrag einer Zeitschrift. Die Redaktion Argos wünschte ein Porträt über die Stadt der Türme. Ich verständigte mich mit der Bautzen-Information und es kam zu einem Gespräch mit dem Bürgermeister und seinen Mitarbeitern. Die Ziele waren schnell abgesteckt und ich trudelte bald im Fünf-Sterne-Spreehotel (inzwischen Asylheim) ein. Mein Weg führte durch die Gassen, auf die Türme, in die Lokale und bald stand mein Beitrag in der neu gegründeten Zeitschrift.
Neue Themenangebote landeten bei der Redaktion, doch stattdessen blieb ein weiterer Auftrag aus. Man hatte direkt die Informanten in der Oberlausitz angeschrieben und um entsprechendes Material gebeten. Pech gehabt!
Ach, inzwischen ist die Zeitschrift schon längst pleite und ein Honorar habe ich nie gesehen. Doch: Man schickte mir sieben Karten für die Hollyday-on-ice-Revue!

ERST BEZIRKSKATECHET – DANN OBERBÜRGERMEISTER

Christian Schramm wurde im Erzgebirge geboren, lernte Dreher und studierte an der Fachhochschule Moritzburg Religionspädagogik. Er arbeitete als Gemeindediakon in Bautzen und war schließlich 13 Jahre Bezirkskatechet.
Kurz vor dem Zusammenbruch der DDR, im Herbst 1989, war der parteilose Jugendpfarrer unter den vielen Leuten am Theaterplatz und galt als Mitbegründer des Neuen Forum in Bautzen.

Er wurde Mitglied einer Gruppe zur demokratischen Aufarbeitung der Vorgänge des Strafvollzuges Bautzen und schilderte:
„Da war eine Menge in Bewegung. Wir waren von positiven Emotionen getragen, es gab eine Offenheit und den Wunsch, alles zum Guten zu wenden. Einesteils lag Angst vor der Stasi in den Demonstrationen, anderseits der Wille des Widerstandes."

Die Zeit überschlug sich – ein Ereignis löste das andere ab. Christian Schramm wurde Mitglied der CDU und stand auf der Kandidatenliste bei den Kommunalwahlen der DDR am 6. Mai 1990. Er wurde der neue Bürgermeister (ab 1995 Oberbürgermeister) der Stadt Bautzen und sah sich als Kapitän eines Schiffes, erlebte ein spannendes Stück Geschichte. Der Rathauschef kämpfte für seine Stadt, ließ sich nicht unterkriegen. Ihm gelang im großen Maße die Sanierung der Altstadt, auch wenn immer wieder Rückschläge eintraten.

Der Oberbürgermeister traf bei den meisten Bautzenern den richtigen Nerv.

Christian Schramm beim traditionellen Stollenanschnitt nach der Wende.

Ortrun Hartel, die ehemalige Kostümbildnerin am Bautzener Theater, lobte: *„Er ist mit den Aufgaben gewachsen!"*

Erst 2015 – nach 25 Jahren – trat der gebürtige Erzgebirgler nicht mehr zur Wahl an. Er war ein echter Oberlausitzer, ein Bautzener geworden und denkt im Ruhestand vielleicht an die eine oder andere Episode, vielleicht an die gute Stube des Oberbürgermeisters, den Ratssaal im Rathaus, in dem Entscheidungen getroffen und Gäste empfangen wurden. Nunmehr widmet sich Christian Schramm unter anderem seiner Mosaiksammlung aus DDR-Zeiten. Außerdem gehörte Schramm zu der Generation von DDR-Kindern, die die Geschichten von Dig, Dag und Digedag – also den Digedags liebten!

KERAMIK AUS „GAGELS TÖPFEREI" WAR NICHT LEICHT ZU BEKOMMEN

In meinem Besitz sind sechs Eierbecher, noch aus DDR-Zeiten. So einfach war es nämlich nicht, Lausitzer Keramik zu erhaschen.

1852 entstand in Göda bei Bautzen „Gagels Töpferei". Inzwischen führt die 5. Generation das Handwerk fort – Friedmar Oswald mit Frau.

Sammlung aus Gagels Töpferei.

Mit selbst zugeschnittenen Schwämmchen, sie müssen fest und feinporig sein, werden die unterschiedlichsten Muster auf die trockenen Tongefäße aufgetupft. Die dominierende Farbe ist das Blau, aber auch Braun, Grün, Gelb fließen in das Muster mit ein. Die Gödaer Töpfer fertigen außerdem eine Keramik mit Lehmglasur und eine blaue Glasur, verziert mit einem weißen Punkt.
Oswalds Palette umfasst vor allem Gebrauchsgeschirr für Küche, Hof und Garten, aber auch niedliche Miniaturen. Die Keramik wird bei 1260 Grad Celsius geschmolzen. Das Steinzeug hält somit die Mikrowelle und die Spülmaschine aus.
Am Eingang des Töpferhauses sind verschiedene Keramik-Kostbarkeiten zu entdecken. Sprüche auf Tellern stimmen heiter: „Lieber Ratten im Keller als Verwandte im Haus." Klar, das ist spaßig gemeint.
Einst lockte sogar noch ein Tippelbaum die Besucher an. An die hundert Tippel hingen daran. Doch ein Sturm hat den Baum geknickt und so auch die Töpfe.

In der Töpferei arbeiten Friedmar Oswald mit Frau friedlich zusammen. Ehemals waren sogar vier Mitarbeiter in der Töpferei tätig, aber die Auftragslage ging zurück. In der Werkstatt kann man den Rentnern über die Schultern schauen, sieht, wie aus einem Tonklumpen ein Gefäß entsteht, der Henkel oder andere Garnierungen daran befestigt werden, sieht beim Schwämmeln und beim Glasieren zu.
Aus Göda kommen Vasen, Dosen, Becher, Tassen ... und neuerdings sogar eine putzige Schneemann-Familie.

TOM GLÖSS – VOM „EIERJOGGEL“ UND „KLEIN-OSSI-LAND“

Tom Glöß wurde mit seinen Produkten so richtig bekannt, als das Fernsehen bei ihm in der Werkstatt auftauchte. Man berichtete von dem Mann, der den kleinsten Räuchermann der Welt gedrechselt hatte. Er erklärte: „Mein Männlein ist 5,2 cm groß und fand später sogar im Guinness-Buch der Rekorde Erwähnung. Ganz konkret auf Seite 278. Der kleine Mann stellt den braven Soldaten Schwejk dar.“
Der größte Räuchermann aus der Glöß-Werkstatt misst 2,31 Meter und zeigt Johannes Karasek, den berüchtigten Räuberhauptmann der Oberlausitz. Ihm fehlen lediglich fünf Zentimeter bis zum Weltrekord.

Tom Glöß wurde 1957 in Bautzen geboren, seine Eltern stammen jedoch aus dem erzgebirgischen Seiffen. Das Drechslerhandwerk hat in der Familie eine lange Tradition. Doch nach der Oberschule erlernte Glöß erst einmal den Beruf Maschinenbauer im Schneidemaschinenwerk Perfecta Bautzen. Und da das Drechseln seine Leidenschaft wurde, absolvierte er auch noch eine Ausbildung als Drechsler und schließlich als Meister. Zunächst drechselte er „Umgebindehäuser“, 70 Zentimeter groß. Neben originalgetreuen Webstuben in Miniaturausgabe kamen weitere originelle Holzfiguren dazu, so der „Eierjoggel“. Das Bautzener Original mit seinem Eierkorb war stadtbekannt.
Glöß schuf zudem das kleinste Osterei der Welt – ein fünf Millimeter kleines Kunstwerk. Er hat das bemalte Miniei aus Holz in ein geöffnetes Taubenei gesteckt, und das wiederum steckt in einem aufgebrochenen Hühnerei.
Der Holzbildhauer Glöß schuf in 25 Jahren freischaffender Tätigkeit über 600 Figuren in 90 Szenen, dargestellt als „Klein-Ossi-Land“. Die Orte seiner Ausstellungen wechselten – vom Saurierpark zum Lauenturm in die Galerie Kirschau.

Im Saurierpark ist Tom Glöß der Dino-Doktor, einer der Mitarbeiter, die für Reparaturen und Ordnung zuständig sind. Was Kinderhände aus Freude und Entdeckerlust zerstören, macht Glöß mit Geschick wieder neu und ganz. Da ist am Raubsaurier eine abgebrochene Kralle, da ein loser Zahn – da holt der Dino-Doktor seine Zange und setzt flink einen Metallstift ein. An einem anderen Ort vergräbt Glöß die Saurierzähne, die dann die Kinder wieder ausbuddeln. Wer einen Zahn findet, darf ihn behalten und als stolze Trophäe um den Hals tragen. Tiefe Löcher graben die Knirpse in den Sand, um einen Fund zu heben. Glöß als Betreuer der Skulpturen kommt auch die Aufgabe zu, die Ausgrabungsstätte wieder zu glätten und eben Zähne zu verstecken. Der Dino-Doktor vom Saurierpark meint: „Ich habe den schönsten Arbeitsplatz der Welt – vor allem bei schönem Wetter!“

BAUTZENER WEIHNACHTSMARKT MIT PFEFFERKUCHEN UND STUPPERLE

Akten im Stadtarchiv Bautzen belegen, dass die Stadt seit 1384 eine organisierte Weihnachtsmarkttradition aufweisen kann. Der Fleischmarkt wurde mit dem Christmarkt gleichgesetzt. Im Laufe der Jahre gesellten sich zu den Fleischern andere Händler und sogar auswärtige Kaufleute.

Impressionen vom Bautzener Weihnachtsmarkt, der nach der Wende in Wenzelmarkt umbenannt wurde.

Der Bautzener Weihnachtsmarkt zog auch zu DDR-Zeiten viele Besucher an. Neben der klassischen Bratwurst, der begehrten ungarischen Salami und den hiesigen Pfefferkuchen waren auch Stupperle (Kartoffelklöße) zu bekommen.
Am Fischstand drängelten immer die Leute, um ein Fischbrötchen für 25 Ostpfennig zu bekommen. Aus dem Lautsprecher klangen traditionelle Weihnachtslieder, aber auch neue Stücke, wie „Vorfreude, schönste Freude", „Sind die Lichter angezündet", „Oh, es riecht gut, oh, es riecht fein". Dieses Lied von der Weihnachtsbäckerei verfasste eine Bautznerin, die Tanzpädagogin und Puppenspielerin Christel Ulbrich (1908–1996). Die „Tanzchristel", wie Freunde sie nannten, schrieb das Lied in der Küche beim Backen von Plätzchen. Weihnachtskringel braun und rund, eins zum Kosten in den Mund – in jeder Strophe wurde die Zugabe einer weiteren Zutat genannt. 1957 veröffentlichte die Kinderzeitschrift Frösi (Fröhlich sein und singen) das Lied zum ersten Mal unter dem Titel Weihnachtsbäckerei. Erst 13 Jahre später kam „Oh, es riecht gut" auf einer Langspielplatte heraus, gesungen vom Rundfunk-Kinderchor Leipzig. Das Lied wurde vor allem deshalb so bekannt, weil es schließlich zum Unterrichtsstoff Musik in der zweiten Klasse gehörte. Und Christel Ulbrich sang und tanzte mit ihren Tanzkindern auch auf der Unterhaltungsbühne des Bautzener Weihnachtsmarktes.

DIE ALTE LOK

Anfang der 1960er Jahre wurden in Bautzen alte Reichsbahndampfloks restauriert. Die „Kriegslokomotive" – Nummer 8056-5 war

Die alte Lok, von Eisenbahnfreunden liebevoll gepflegt.

die erste Lok, die ins Bahnbetriebswerk Bautzen gekommen war.
Winfried Sommer, Jahrgang 1933, fuhr 23 Jahre lang die Lok und schwärmt weiterhin: „Einmal Eisenbahner, immer Eisenbahner. Die ‚80er' wurde 1943 in Wien gebaut und ging zunächst als Kriegslok in die Spur. Sie galt als der letzte Schrei einer Dampflok und hat immer brav ihren Dienst verrichtet – nur einmal fiel sie in Netzschkau wegen falscher Weichenstellung in den Straßengraben. Mit einem Kran wurde die Lok hochgehievt und nach einigen Tagen fuhr sie wieder.

Von 1962 an war sie genau 10 186 Tage unterwegs, hatte zwei Millionen Kilometer auf den Schienen hinter sich gebracht. Überraschend kam das Ende. Während einer Fahrt kam die Mitteilung: Das ist die letzte Fahrt. Wegen eines Kesselrisses wurde die Lok abgestellt, und so gab es im April 1988 die Abschiedsfahrt des Dampfrosses ohne jegliche Zeremonie. Wir Eisenbahner haben Gleise und eine Weiche für den neuen Standort gelegt. Zehn Männer rollten den Riesen auf die Ausstellungsrampe. Die Lok sollte in unserer Nähe sein, neben dem Bahnhof – für Bautzen ein Symbol. Damals wurde die Lok in die Liste der sächsischen Kulturdenkmale aufgenommen, vor dem Schneidbrenner gerettet."
Die alte 136 Tonnen schwere Dampflok haben viele Bautzener ins Herz geschlossen. Sie ist ein Markenzeichen der Stadt. Wer mit dem Zug in die Stadt kommt, wird vom Dampfross begrüßt.
28 Jahre später: Bangen um das Wahrzeichen. Die Lok steht im Weg, die Zukunft des technischen Denkmals ist ungewiss.

PFLEGE DEIN AUTO WIE DEINEN KÖRPER

Der eine liebt seinen Kleingarten, der Zweite sein Haustier, der Dritte hegt und pflegt sein Auto. Einmal im Monat wurden Termine für die nächsten Wochen vergeben, beispielsweise für die Autopflege. So war das auch in der Werkstatt von Harald Kellner aus Preuschwitz bei Bautzen. 1977 eröffnete der ehemalige Landwirt seine Waschanlage. Vorher war ein Gesetz zur Förderung selbstständiger Handwerker in Kraft getreten. Kellner nutzte die Chance und beantragte einen Gewerbeschein. Die Kunden standen Schlange um einen Termin. Nach geraumer Wartezeit brachten sie dann ihren Wartburg oder Trabi zur Pflege. Er sollte ja mindestens zehn Jahre halten, da erst war in der Regel ein nagelneuer Wagen in Aussicht. Oft stand das ganze Firmengelände voller Fahrzeuge, ein Auto hinter dem anderen. Die Unterboden- und Hohlraumkonservierung gegen Rost für sieben Ostmark war besonders gefragt. Wer wollte schon eine Rostlaube? So mancher Skoda- oder Lada-Besitzer erinnert sich an die Autowäsche, manche nahmen für diesen Tag sogar ihren „Haushaltstag“ und beim Warten wurde geplaudert – meist übers Auto. In Bautzen existierte bis dahin nur eine mechanische Autowaschanlage.

Autowracks wurden zur Wende einfach mal so am Straßenrand abgestellt, und mit Wehmut betrachtet – wie lange hatte man darauf gespart und jetzt: Keiner wollte mehr DDR-Fahrzeuge.

Nach der Wende hatte Kellner nur wenig zu tun. Autowracks zierten manchen Straßenrand, seine Stammkunden kauften einen verrosteten, alten Westschlitten für teures Geld, manche konnten sich einen Neuwagen leisten. Kellner spuckte in die Hände und installierte eine moderne Waschanlage mit großen, rotierenden Bürsten. Nebenbei gründete er eine Autovermietung, das sogenannte zweite Standbein.
Inzwischen übernahm Kellners Sohn das Familienunternehmen, fünf Mitarbeiter und notfalls Vati greifen ihm unter die Arme.

VOGELHOCHZEIT – EIN SORBISCHER BRAUCH

Der Ursprung der Vogelhochzeit ist nicht konkret nachweisbar. Die „Buddissiner Nachrichten“ von 1848 bezeichneten die Vogelhochzeit als ein „von uralten Zeiten hergebrachtes Fest“. Eine Deutung ist diese: Am 25. Januar, dem Tag in der Wintermitte, sollen die Vögel zu nisten beginnen und Eier legen. Angeblich sollen die Vögel am Paulustag Hochzeit feiern, Anlass genug, um ein fröhliches Fest zu begehen. Am Abend vor der Vogelhochzeit stellen die Kinder Teller auf das Fensterbrett. Die Vögel bedanken sich dann für die Fütterung im Winter mit Nüssen und Gebäck.

Zur Tradition gehört der Hochzeitsumzug, angeführt von Frau Elster und Herrn Rabe. Braut und Bräutigam stehen an diesem Januartag im Mittelpunkt, ebenso der Hochzeitsbitter – der Moderator. Diese Person hält witzige Reden und schwingt beim Ordnen des Zuges einen bunten Stab und sorgt für den reibungslosen Ablauf. Die breite Schärpe und die rote Weste betonen seine Würde. Die Elster trägt einen prächtigen Spitzenkragen und die große Schleife gibt dem Kleid ein feierliches Aussehen. Auch andere Kinder sind in Vogelkostüme geschlüpft, die die Eltern vor dem Fest selbst geschneidert hatten.

Am 25. Januar wird ein alter sorbischer Brauch begangen – die Vogelhochzeit.

Am Tag der Vogelhochzeit bekommen die Kinder ein besonders leckeres Mittagessen: Eierflockensuppe, Rindfleisch mit Meerrettichsoße und „Vogelgebäck". Vom köstlichen Hochzeitsmahl bleibt kaum etwas übrig. Nachmittags geht das Fest mit Gesang, Spielen und Tänzen weiter. Die Kinder feiern eben Hochzeit, Mutti und Vati erfreuen sich am lustigen Treiben der Mädchen und Jungen. Die Kindervogelhochzeit steht unter dem Motto: „Eine Rabe wollte Hochzeit machen". Dabei fehlt nicht das Lied von der Vogelhochzeit, in dem eindrucksvoll die Aufgaben der Vögel dargestellt werden. Dohle und Krähe sind die Brautjungfern von Frau Elster und Herrn Rabe, Brachvogel und Star die Brautführer. Das Rebhuhn ist der Koch und der Pirol wäscht in der Küche das Geschirr. Zur Musik spielen der Hänfling Flöte, die Lerche Klarinette, die Schwalbe Geige, der Schneekönig Dudelsack. Amsel und Wachtel fallen aus der Reihe – sie betrinken sich.

In Bautzen und Umgebung finden rund um die Vogelhochzeit bunte Veranstaltungen für die Erwachsenen statt. Um 1880 luden sorbische Wirte am Tag der Vogelhochzeit zum unterhaltsamen Abend ein. Während der Zeit des Nationalsozialismus wurden derartige Veranstaltungen verboten, die Vogelhochzeit – „Ptaci kwas" – als „ganz absonderlicher Brauch" bezeichnet. In der DDR wurde die Tradition wieder belebt.

1955 übernahm die Domowina, die nationale Organisation der Sorben, die Verantwortung für die Veranstaltungen. Das Sorbische Nationalensemble Bautzen entwickelt jedes Jahr ein spezielles Programm zur Vogelhochzeit. Die große Show kommt an mehreren Abenden zur Aufführung.

KIRMESSUPPE UND AUCH MAL EINE SCHLÄGEREI

Das Ehepaar Medack benannte nach dem Wassermann den ehemaligen Malschwitzer Landgasthof, den sie im Auftrag des Konsum als Wirtsleute übernahmen. Voraus gingen jahrelange Anträge und Ablehnungen. Immer wieder entwarfen die Medacks Skizzen und zogen den Behördenkampf beharrlich und konsequent durch.

Die ehemalige Pferdeanspanne mit Poststation, den alten traditionellen Gasthof, bauten die Medacks, eine Familie mit sechs Kindern, grundlegend um. Unterstützung kam von den Dorfbewohnern, beispielsweise mit Baumaterialien und innerhalb des DDR-Wettbewerbes: „Schöner unsere Städte und Gemeinden".
Vier Tage vor Weihnachten 1969 wurde dann die erste sorbische Gaststätte im Kreis Bautzen eröffnet. Die Einrichtung im „Wodny Muz", dem „Wassermann" (Der „Wassermann" ist eine Sagengestalt der Sorben. Er hat den Armen bei der Ernte geholfen, war sozusagen der gute Geist, so erzählt die Legende.)
Das Lokal war traditionell sorbisch gestaltet: Keramikteller, Krüge, ein niedriger Bauernschrank, Blaudruckdecken auf den Holztischen. Die Medacks servierten mit sorbischer Weste, bestickter Bluse, gesponsert vom Theater Bautzen.

Die Speisekarte bot sorbische Kirmessuppe, Steinbrechers Schweinekamm, Kasslerbraten à la Malschwitzer Teichfischer an, auch Zigeunerschnitzel (ja, das gab's damals noch) stand auf der Speisekarte. Weiterhin war vermerkt: „Leider ist uns nichts überliefert über die Gastfreundschaft und die Kochkünste der Wassergeister. Diese Lücken in der Überlieferung schließen zu helfen, bleibt unserer Gaststätte Wassermann vorbehalten."

Ingeburg Medack erinnerte sich im Alter von 90 Jahren:
„Hochrangige Delegationen besuchten unseren ‚Wassermann', die Vorzeigegaststätte. Die Domowina schickte Persönlichkeiten zu uns, um sie mit sorbischen Speisen zu verwöhnen. Natürlich genossen die Einheimischen ebenfalls das leckere Essen in vollen Zügen. Mein Mann, eigentlich Gärtner von Beruf, war ein perfekter Koch geworden. Und auch die Jugend stürmte in den ‚Wassermann'. Staatlicherseits war Jugendtanz gefordert und die Rechnung ging auf. Die Mädels und Jungs zwischen 16 und 25 stürmten regelrecht die Veranstaltungen und erlebten frohe Stunden. Mittzwanziger allerdings negierten den Jugendtanz und nörgelten ‚Schippelrennen, Kindergarten!'. Manche Jugendliche im ‚fortgeschrittenen Alter' ehelichten dann später doch eine acht oder zehn Jahre Jüngere – ein ‚Schippelchen'. Beim legendären Jugendtanz, aber auch beim gewöhnlichen Tanzabend gingen manchmal Gläser wegen einer Schlägerei zu Bruch."

Die resoluten Wirtsleute brachten – meist ohne polizeiliche Unterstützung – die Lage rasch wieder unter Kontrolle und selten gelangte eine Anzeige zu der Polizei.

Die Stammbesucherin Andrea Schöbel resümiert:
„Im Saal erlebte ich meine Jugendweihe und später jeden Samstagabend eine Menge Spaß bei der Disco. Montags war immer Kino und dann die Feste rund um Karneval und Frauentag! Oh, wie geil, als die alten Zeiten noch jung waren."

Frau Ingeburg führte nach dem Tod ihres Mannes 1981 den „Wassermann" weiter. Erst nach der Wende (1990) gab sie die Geschäftsführung auf. Am Tag der Wiedervereinigung legte der DJ Ray im Großen Saal seine Platten auf.

SCHALLPLATTENUNTERHALTER BRAUCHTEN EINE „PAPPE"

Ray Kirsch wurde in Bautzen geboren und ist dort aufgewachsen. Schon in der Wilhelm-Pieck-Oberschule (benannt nach dem ers-

ten Präsidenten der DDR), legte er Platten auf. Schließlich trat er in die Fußtapfen seiner Vaters, eines Musikers. Als Ray die „Pappe", also die Staatliche Spielerlaubnis für Schallplattenunterhalter, in der Tasche hatte, durfte er für seine Arbeit vom Veranstalter auch Honorar verlangen. Unterstützung bekam der junge Bursche vom Papa, der als Techniker fungierte.
Bei Ray fing wie bei allen anderen Schallplattenunterhaltern alles mit einem Spulentonband, einem Plattenspieler Mister - Hit und einer Rundumleuchte an. Ray trat im Tanzcafé Syrena, in Jugendklubs und den umliegenden Dörfern auf. Er war gefragt bei Familienfeiern jeder Art, bei Dorf- und Feuerwehrfesten.

„Den Tag der Währungsunion erlebte ich als DJ in der ‚Lusatia', am Tag der Wiedervereinigung machte ich die Musik in Malschwitz, in dem Saal des ‚Wassermanns'."
Schallplattenunterhalter waren gefragt. Sie legten ihre Platten im Lokal Lusatia, im Hotel Lubnim und vielen anderen Orten auf.

Das 60:40-Musikverhältnis wurde regelmäßig ausgetrickst. 60 Prozent DDR-Produktionen und aus dem osteuropäischen Raum und 40 Prozent Westtitel. Wer hielt sich wohl daran? Boney M., Smokies die Beatles ... waren die großen Favoriten, aber immerhin verfügte der Osten über eine ganz gute Anzahl von Supertiteln und eine gute Mixtur ergab letztendlich das geforderte Maß. Da waren die Musiker und Schallplattenunterhalter schon raffiniert genug.

Ray Kirsch:
„Vielen Veranstaltern brach die Wende das Genick, die meisten DJ-Kollegen hängten ihren Job an den Nagel."
Der Bautzner kämpfte weiter. Inzwischen ist er Mitglied im Berufsverband Discjockeys e. V.

KARNEVAL – „SCHWARZ HÖREN UND SEHEN KOMMT TEUER ZU STEHEN!"

Karneval in Sachsen ist nicht vergleichbar mit dem im Rheinland. Immerhin ging es in Bautzen und Umgebung zur Faschingszeit ganz schön rund. Die Karnevalsvereine organisierten Feste und Umzüge und mancher satirische Text wurde zu Papier gebracht. Da ging es zwar oft unter die Gürtellinie, aber auch um heikle politische Themen. Doch zu Fasching war eben (fast) alles freizügiger. Manche Texte liefen hart an einer Strafe vorbei. „Schwarz hören und sehen kommt teuer zu stehen!" war knapp an der Grenze des Möglichen und der Zweideutigkeit ...

Beim Präsidententreffen der Karnevalsklubs wurde betont:
„Es wird niemand erwarten dürfen oder wollen, dass karnevalistische Texte ein einziges Lob- und Preislied auf die Errungenschaften unseres sozialistischen Aufbaus darstellen."
Das Zentralhaus für Kulturarbeit legte sogar regelmäßig eine Broschüre mit Liedern, Sprüchen und Texten unter dem Titel „Wir feiern Karneval" vor. Darin hat sich sogar der Autor dieses Buches mit „Narreteien" verewigt.

FRAUENTAG – STRIPPER ZEIGTEN IHRE MUSKELN

Rund um den 8. März hatten die Wirte emsig zu tun. Fast alle Termine waren Wochen vorher ausgebucht: Frauentagsfeiern und viele andere Veranstaltungen.
Der Internationale Frauentag galt als ein besonderer Tag, kein Feiertag, aber ein Festtag. In jedem Betrieb, egal ob im Waggonbau oder in der PGH Elite-Figaro, wurden die Frauen von den Männern „bemuddelt", gab es für die fein herausgeputzten Frauen nicht nur Pralinen und eine Rose, trotz Blumenknappheit. Nicht fehlen durften die obligatorischen Auszeichnungen.

Meist begann nachmittags die feuchtfröhliche Zeremonie. Die Männer hatten die Tafel hübsch gedeckt, gossen Kaffee in die Tassen, servierten nicht nur Streuselkuchen, sondern Schokoladen- und Zitronentorte. Manche volkseigene Betriebe leisteten sich die Feier im großen Stil, in einem größeren Lokal, Wjelbik oder Lubin.

Am Frauentag wurde nach dem offiziellen Procedere kräftig gefeiert.

Der Betriebsrat begrüßte die Frauen, die Vorsitzende vom Bautzener DFD (Demokratischer Frauenbund Deutschlands) lobte:

„Frauen sind zu 90 Prozent in einem Arbeitsverhältnis, müssen zudem für Haushalt und Kinder– und Männerbetreuung sorgen! Ihnen gebührt herzlicher Dank, Anerkennung für ihre Leistungen."
Applaus, Applaus.

Ob blond, ob braun, ob korpulent oder gertenschlank – zur Feier trudelte (fast) das gesamte weibliche Geschlecht ein. Künstler fühlten sich wohl im Frauenparadies und präsentierten Schlager und sonstige künstlerische Einlagen, sogar Stripper, die „Adonisse", zeigten ihre Muskeln.

Endlich kam feines Essen auf den Tisch und statt Bier floss Rotkäppchen-Sekt. Es blieb meist nicht bei einem Glas und so wurde die Stimmung von Stunde zu Stunde ausgelassener. Heide, die aktuelle Aktivistin, spendierte, wie es sich gehörte, eine Runde Stichpimpulli-Bockforcelorum. „Sekt und Kräuterlikör passen gut zusammen!", lallte sie und alle prosteten Heide freudig zu.

Plötzlich fragte eine aus der Runde: „Sagt mal, wo steckt denn Beate, die ist doch schon eine Ewigkeit weg, vielleicht ist ihr schlecht geworden?" Eine andere ergänzte: „Und wo ist der Abteilungsleiter?"
Nun kicherten alle los. Tatsächlich, nach geraumer Zeit tauchten die Vermissten wieder auf. Ihnen war nichts Tragisches passiert. Sie sagten: „Wir haben nur die frische Märzluft und den Duft der Märzenbecher geschnuppert." Berti fragte:
„Duften denn Märzenbecher?"
Man lästerte natürlich auch über die Garderobe, hinter vorgehaltenem Mund: „Was hat denn Ilse für komische Klamotten an?" Oder: „Gabi, wo hast du denn das hübsche Blümchenkleid her, das hast du gewiss nicht selbst geschneidert?"
Gabi gab stolz preis: „War zufällig bei der Kleiderlieferung im Haus der Mode, hatte Glück, eines in meiner Größe zu erwischen."
Manche Frau torkelte nach dem Fest froh gelaunt und heiter beschwipst oder teilweise auch „besoffen" heimwärts. Die Ehemänner machten gute Miene zum bösen Spiel. Frauentag war ja nur einmal im Jahr.

P.S.: Die großen Feiern sind Vergangenheit, aber der Frauenrechtlerin Clara Zetkin ist in Bautzen noch eine Straße gewidmet.

DAS BAUTZENER MEER

Nördlich von Bautzen liegt ein See, an dem die Spree gestaut wird. Die Talsperre wurde am 25. September, nach sechsjähriger Bauzeit, 1974 eingeweiht. Hunderte Talsperren-Arbeiter aus den Bezirken Cottbus und Dresden schufen die Anlage, die schließlich einen Speicherraum von rund 40 Millionen Kubikmetern umfasste und vor allem der Energiewirtschaft diente. Zwei Dörfer mit rund 500 Einwohnern mussten der Talsperre weichen und leben seitdem vorwiegend in Bautzen. Ein kleiner Teil der 600 Hektar umfassenden Fläche wurde für touristische Zwecke eingerichtet. Im Strandbad, auf den Liegewiesen und Campingplätzen herrschte reger Betrieb und an schönen Abenden roch es nach gegrillter Wurst, wenn Holzkohle vorhanden war.

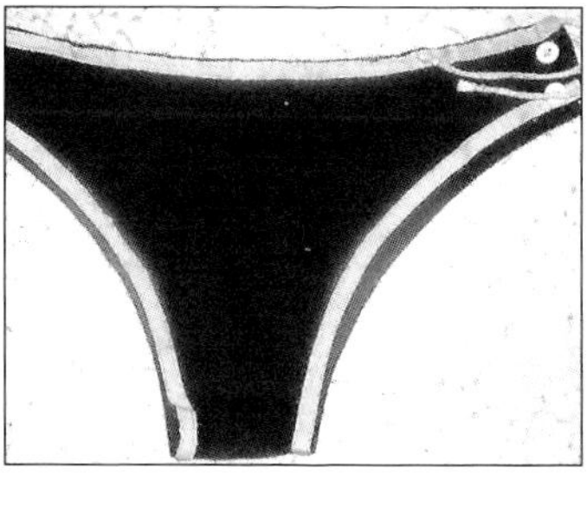

Wer nur quatschen wollte, quatschte mit dem Nachbarn, wer faulenzen wollte, faulentzte eben. Am „Bautzener Meer" hüpften Mädchen und Frauen im reiferen Alter im Bi-

Die Dreiecksbadehose war eine DDR-Erfindung

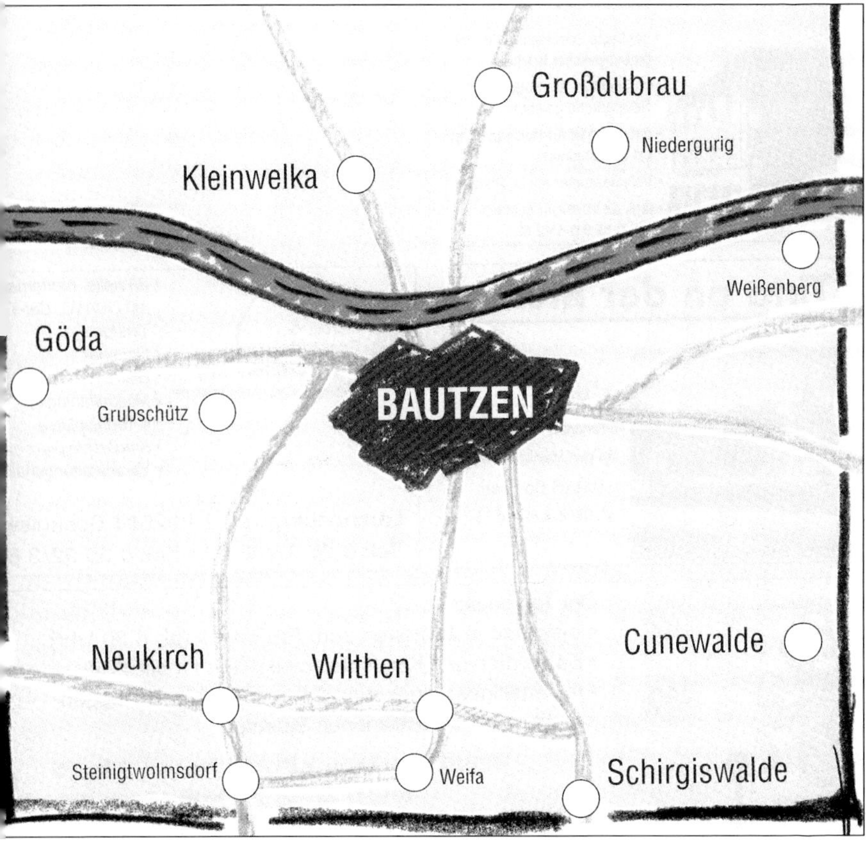

Skizze mit den nahe liegenden Orten rund um Bautzen.

kini aus der Jugendmode oder selbst geschneiderte, mitunter umher. Schlanke Knaben und dickbäuchige Männer trugen Dreiecksbadehosen aus dem nahegelegenen volkseigenen Betrieb „Konfektion Großröhrsdorf". Die Dreiecksbadehose war aus zwei Deiecksteilen zusammengenäht und zeigte eindrucksvoll die nackten Arschbacken. Die praktische DDR-Erfindung, die gelben, blauen, grünen, schwarzen Segeltücher, waren einfach zu bedienen. Beim Aus- und Anziehen trug man um die Hüfte ein Badetuch, um gewisse Körperstellen zu verhüllen. Die an einer Seite befestigten Haken wurden aus der Öse gezogen und plumps fielen die Hosen zu Boden und bequem schlüpfte man in die baumwollene –Turnhose mit Bundgummi und aufgesetzter Popotasche. Die Kurzhose war seitlich geschlizt und sorgte so für bessere Beinfreiheit. Einige Urlauber wagten sogar FKK – für DDR-Bürger etwas normales während später einige Westdeutsche über die Naturfreunde staunten.

Ihnen war das fremd, sie durften aber Pornofilme und Sex-Magazine anschauen, was wiederum hier unter Verbot stand. Das offizielle FKK-Gelände verfügt über eine Liegewiese ohne Badestrand. Die Zugänge zum Wasser sind mit Büschen bewachsen.
Die Camper aus dem Erzgebirge oder Thüringen trudelten dort mit ihren Wohnwagen ein, beispielsweise mit dem Typ Bautzen. Ein ehemaliger Schüler der Offiziershochschule Bautzen erinnert sich:

„Die gesamte Inneneinrichtung war aus Sprelacartplatten und es war fast alles vorhanden, kleine Küche mit Gaskocher und Kühlschrank, auch ein Kleiderschrank. Die Bastei war ein schickes Wohnmobil, so etwas wie Luxus."

Eines der Modelle stammte aus dem Waggonbau, dem größten Betrieb in der Stadt, führend in der Herstellung von Schienenfahrzeugen und Kippwagen für den Tagebau. Der Betrieb war ein Aushängeschild und die Produkte weltweit gefragt.

Das Naherholungsgebiet am Bautzener Meer mit jeder Menge Wohnwagen.

Natürlich wären einige Camper auch gern mal nach Spanien oder Italien in den Urlaub gereist, aber dies war leider aus politischer Sicht nicht möglich. Urlauber in Bulgarien am Schwarzen Meer und am Balaton in Ungarn zählten vor Ort oft zu Personen zweiter Klasse. Die große Sympathie war vorüber, wenn man nicht aus Westdeutschland, sondern aus dem Deutschland „Auferstanden aus Ruinen" kam.

CUNEWALDER KIRCHE

Die Cunewalder Kirche ist mit 2632 Plätzen und drei Emporen die größte evangelische Dorfkirche Deutschlands und bietet über das

Die größte Dorfkirche Deutschlands mit 2632 Plätzen.

Jahr exklusive Kirchenkonzerte. Zu Weihnachten erleben die Christen seit 200 Jahren die Hauptattraktion. Am Heiligabend war das Ziel vieler Bautzener das 13 Kilometer entfernte Cunewalde. Manche Besucher sind schon zwei Stunden vor der Zeremonie anwesend, um einen guten Platz zu ergattern.
600 Kerzen erhellen dann ab 17.00 Uhr die abgedunkelte Kirche und die einheimischen Kinder und Konfirmanden verwandeln mit dreistöckigen Lichterpyramiden das Gotteshaus in ein Lichtermeer. Am Altar versammeln sich die Jugendlichen und singen „Hosianna", ein Chorwerk des in der Oberlausitz ansässigen Kirchenmusikers Christian Gregor (1723–1801). Danach ziehen die Träger der Pyramiden mit dem Lied „O, du fröhliche" wieder aus der Kirche. Der Gesang wird von einer der klangschönsten Orgeln der Oberlausitz begleitet, erbaut vom Orgelbauer Christian Friedrich Reiß aus Neugersdorf. Das Instrument umfasst 36 klingende Register und 2229 Pfeifen.

Zu DDR-Zeiten waren noch 50 Pyramidenträger zugegen. Inzwischen ist die Anzahl der Gemeindemitglieder zurückgegangen und nur noch 30 solcher wunderbaren Pyramiden sind erhalten - sie ersetzten einst den teuren Weihnachtsbaum. Die Pyramiden werden nur am Heiligabend von Familien geliehen und dann feierlich präsentiert.

SAURIER, DIE NICHT BEISSEN UND GELBE LIMONADE

Rund um Bautzen haben nicht nur Wölfe ein neues Zuhause gefunden, seit Ende der 1970er Jahre gibt es hier Dinosaurier.
Das sogenannte High-Light (das erste englische Wort in diesen Geschichten) ist der Saurierpark. Gerade einmal sechs Kilometer vom Stadtzentrum entfernt (inzwischen zu Bautzen eingemeindet) befindet sich zwischen Klein- und Großwelka der „Urzoo". Franz Gruß (1931–2006) begann, 1978 auf seinem Privatgrundstück Plastiken von Dinosauriern und anderen urzeitlichen Lebewesen aus Stahlgeflecht und Beton anzufertigen – alles nach wissenschaftlichen Vorlagen in Originalgröße. Der Volkskünstler, gelernter Maler, erwarb sich autodidaktisch die erforderlichen fundierten Grundkenntnisse. Handwerkliches Können und ausgeprägter Sinn für Formen sowie sein Elan kamen ihm bei dieser Tätigkeit zugute. Gruß ging systematisch vor. Nach einer genauen Entwurfszeichnung bog er aus starkem Eisendraht eine Art Skelett, formte dann aus Beton Körper und Gliedmaßen und versah sie mit einen grauen Farbanstrich.
Seine Leistungen veranlassten 1984 die Akademie der Wissenschaften der DDR, ihm ihre höchste Auszeichnung, die Leibnitz-Medaille zu verleihen.

Aus dem Saurierpark.

Die von der Gemeinde vergrößerte Anlage wurde ein Besuchermagnet. Alle wollten die Sauriertierwelt sehen. Unsere Knirpse jubelten bei der Ankündigung zum Ausflug:

„Oh ja, die Saurier sehen nur so gefährlich aus, sind es aber nicht. Und die großen Zähne beißen keinen. Dort können wir klettern – und dort gibt's gelbe Limonade zu kaufen.“

Und so stand der Park oft auf dem Programm.
Alles lief ganz gut, aber nach der Wende begann der Streit mit der Gemeinde. Man erkannte die einmalige Attraktion in Deutschland und die Finanzen spielten eine wesentliche Rolle. Die Gemeinde stellte eine weitere Fläche zur Verfügung und andere Künstler wurden mit Aufträgen umworben. Und so existiert inzwischen neben dem privaten Park, auch einer der Gemeinde. 200 lebensgroße Urgestalten sind dort zu bewundern.

SCHWARZ AUF WEISS

Rolf Dvoracek (Jahrgang 1935) war von Beruf Zylinderschleifer und KFZ-Schlosser, seine Leidenschaft galt aber nicht unbedingt den Autos, sondern dem Fotografieren. Letztendlich absolvierte er ein Journalistik-

Fernstudium und wurde später Volkskorrespondent, Redakteur, Fotoreporter, Pressefotograf.

Rolf Dvoracek – Vom Volkskorrespondenten zum Pressefotografen.

Rolf Dvoracek war dort, wo etwas Neues entstand, wo Altes verschwand. Er dokumentierte mit seiner Kamera viele Ereignisse der Bautzener Stadtgeschichte, so den Verfall und Aufbau der Stadt. In seinem Buch mit Bildern zwischen 1960 und 1990 schrieb der Fotograf:

„Kritische Sichten waren nicht erwünscht und versanken in meinem Archiv."

Zu den 16. Arbeiterfestspielen der DDR im Bezirk Dresden 1976 zeigten mehrere Kultur- und Sportgruppen ihr Können, hier die Mädchenriege der BSG Post-Bautzen. (Foto: Dvoracek)

Sein Archiv umfasst 100 000 Negative. Sie erzählen am Beispiel Bautzen alltägliche Geschichten. Wir erinnern uns an die Plattenbauten und das 1972 eröffnete und nach der Wende gesprengte „Haus der Mode“ auf dem Platz der Roten Armee (Kornmarkt).

„Mein Bautzen – Bilder aus sechs Jahrzehnten“ vereint in bewundernswerter Weise, was Rolf Dvoraceks interessant und erinnerungswürdig, bildwürdig fand.
„Bilder aus ungewöhnlichen Blickwinkeln, einmalig, Erinnerungen, fast schon vergessen“, konstatierte der Bautzener Verleger Frank Stüber, der wenige Monate nach der Veröffentlichung verstarb. Mit dem Tod Stübners starb auch der Lusatia-Verlag. Dvoraceks Fotografien sind eine ehrwürdige Erinnerung.
Der Bildchronist, ein gebürtiger Bautzener, war ständig unterwegs, um Stadtansichten und Alltagsszenen, Kurioses und Wissenswertes festzuhalten. Allerdings dauerte es damals vom Knipsen bis zum Erscheinen in der Zeitung noch drei volle Tage.

Zum DDR-Alltag

Sylvia Pommert • Uwe Schieferdecker • Kurt Wünsch
Wir lebten in der DDR

Pioniertuch, Pittiplatsch und Plastikbomber
Baden in der Zinkwanne
Muckefuck zum Frühstück
„Pfuschen" nach Feierabend

Von langen Haaren, kurzen Röcken
Unten Jeans, oben FDJ-Bluse

„Bückware" und Beatmusik
Letscho, Grilleta, Broiler ...

Geschichten und Episoden
228 Seiten, S/W-Fotos, gebunden
ISBN: 978-3-941499-98-0

Zum DDR-Alltag

Weißt du noch?

Wir gingen mit TKC-Beuteln einkaufen,
zum Eisessen ins „Sternchen",
... zum Tanzen in die Stadthalle
und zur Rockmusik nach Schmellwitz

Mitten aus'm Cottbuser DDR-Alltag
Geschichten und Episoden

88 Seiten, zahlr. S/W-Fotos, fest gebunden.
ISBN: 978-3-945608-05-0

Neues Buch über Dresden

Uwe Schieferdecker
3 x DRESDEN
... und aus der Luft

Deutsch / Englisch
Mit ausführlicher Chronik

96 Seiten, Hardcover

ISBN: 978-3-945608-12-8

Dietmar Sehn

„LEIBZSCHER“ ... ... Wisst ihr noch?

Von der Milchbar „Pinguin“
und einem Bratwurst-Bauchladen

vom „Schorschl“ in Connewitz und vom
erotischen Haareschneiden ...

88 Seiten, zahlr. S/W-Fotos, fest gebunden

ISBN: 978-3-945608-14-2